Reinhard Alex / Peter Kühn

*

Schlösser und Gärten um Wörlitz

Text
Reinhard Alex

Schlösser
und
Gärten
um
Wörlitz

Fotos
Peter Kühn

VEB E. A. Seemann Buch- und Kunstverlag Leipzig

*Die Vorlagen für die Textabbildungen stellten dem Verlag
freundlicherweise die Staatlichen Schlösser und Gärten
Wörlitz · Oranienbaum · Luisium,
die Staatliche Galerie Dessau, Schloß Georgium
und das Staatliche Museum Schloß Mosigkau zur Verfügung.*

Inhalt

Einleitung

Schlösser und Gärten zwischen Wörlitz und Dessau — sie sind ein wesentlicher, kostbarer Teil unseres nationalen Kulturbesitzes, werden mit Sachkenntnis, mit hohem materiellen Aufwand gepflegt und einer breiten Öffentlichkeit erschlossen. Groß ist die Zahl derer, die hier alljährlich, oft aus den umliegenden Industriezentren kommend, Erholung und erlebnisreiche Bildung suchen. Heute im Nordteil des Bezirkes Halle, in der Stadt Dessau und im Kreis Gräfenhainichen, gelegen, künden die Anlagen von der kulturellen und künstlerischen Entwicklung des ehemaligen deutschen Kleinstaates Anhalt-Dessau. Ihre Bedeutung jedoch ist keineswegs regional begrenzt, und die Leistungen des späten 18. Jahrhunderts galten schon den Zeitgenossen als epochale Werke, als Angelegenheit von internationalem Interesse. Nach den zahlreichen Verlusten an herausragenden Kunstwerken im Zweiten Weltkrieg ist ihr besonderer Charakter, ihr zum Teil einmaliger Rang noch deutlicher hervorgetreten: Der Johannbau des Schlosses Dessau als frühes Beispiel der Renaissancebaukunst in Deutschland — Oranienbaum als seltenes Zeugnis in der DDR für ein planvoll angelegtes, geschlossenes Barockensemble von Stadt, Schloß und Garten, entstanden unter dem progressiven Einfluß der bürgerlichen Niederlande — Mosigkau mit seinem einzigartig schönen Bildersaal als eine Kostbarkeit des Rokoko — und schließlich das Gartenreich mit seinen Höhepunkten Georgium, Luisium und vor allem Wörlitz als gestaltgewordene Aufklärungsideen, Pionierleistungen der englischen Gartenkunst auf dem europäischen Festland, des Klassizismus und der Neugotik in Deutschland, »Zierde und Inbegriff des 18. Jahrhunderts«, wie Christoph Martin Wieland meinte.

Die historischen Wurzeln Anhalt-Dessaus reichen weit in die Geschichte des Mittelalters zurück; die Herrscher des Landes, die Askanier, gehörten ursprünglich zu den mächtigsten unter den deutschen Feudalherren. Immer wieder ist das Land durch Teilungen zerrissen worden, denn bis ins 18. Jahrhundert hinein hatte das Erstgeburts- und Unteilbarkeitsgesetz hier keine Gültigkeit. Die großen anhaltischen Städte Zerbst, Dessau, Köthen, Coswig und Bernburg verdanken ihre Entstehung dem feudalen Expansionsdrang nach Osten. Sie sind planmäßige Gründungen der Fürsten. Im Schutz der Burg siedelten sich Bürger an, größere Freiheiten und Privilegien als im alten Reichsgebiet zog sie herbei.

Dessau, im Jahre 1213 erstmals erwähnt, wurde an einer strategisch wichtigen Stelle gegründet, an einer Straße, die am westlichen Muldeufer auf den nahen Elbübergang bei Roßlau zuführte. Die Straßen der Stadt waren geradlinig angelegt, der Marktplatz mit der Kirche St. Marien hatte eine regelmäßige Gestalt. Nachdem die Burg Waldersee an der Einmündung der Mulde in die Elbe aufgegeben worden war, errichteten die Fürsten von Anhalt 1341 unmittelbar in der Nähe der Stadt ein Schloß — sichtbarer Ausdruck für die Abhängigkeit vom Grundherrn, trotz städtischer Selbstverwaltung und mancherlei Bürgerfreiheiten. Neben der Handelstätigkeit waren Nahrungsmittel- und Bekleidungsgewerbe die wichtigsten Erwerbszweige der Dessauer Bürger, das Brauwesen blühte, seit dem 14. Jahrhundert gab es Innungen. Doch das 14. und 15. Jahrhundert brachten auch Leid und Elend: Schwer hatte die Bevölkerung unter den Fehden und Machtkämpfen des Adels zu leiden, Hungersnöte und Seuchen überzogen das Land, Siedlungen lagen in großer Zahl wüst. Um 1500 dann zeichneten sich im gesamten Heiligen Römischen Reich deutscher Nation tiefgreifende gesellschaftliche Veränderungen ab. Den Landesfürsten war es gelungen, sich gegenüber dem mittleren und niederen Adel, aber auch gegenüber der kaiserlichen Zentralgewalt und machtvollen Städten durchzusetzen. Eine Zeit brach an, in der die Territorialstaaten in Politik, Wirtschaft und Verwaltung ausgebaut wurden. Zahlreiche Schlösser entstanden seitdem, auch ab 1530 ein Neubau in Dessau. Sie sind Ausdruck für das hohe Selbstbewußtsein der Landesherren, ihren Repräsentationswillen und ihre gewachsenen kulturellen Ansprüche, wurden gleichermaßen notwendig, um den neuen Anforderungen an die zentralisierte Verwaltung gerecht werden zu können.

Das 16. Jahrhundert ist eine Zeit des frühkapitalistischen Aufschwungs in Handel und Gewerbe, des raschen Erstarkens der Städte und der Emanzipation ihres Bürgertums gewesen, zugleich eine Epoche sich verschärfender Widersprüche in der feudalen Gesellschaft. Seinen Höhepunkt fanden die Klassenauseinandersetzungen der frühbürgerlichen Revolution in der Reformation seit 1517 und im deutschen Bauernkrieg 1524/25. Dessau allerdings lag nicht im Zentrum des Geschehens; mit einigem Zögern wurde 1534 aber auch hier die Reformation eingeführt. Wie anderswo war mit ihr die Einziehung der Kirchengüter verbunden, stärkte damit die Fürstenmacht beträchtlich, half wesentlich, die notwendigen Mittel für deren Ausbau zu sichern, nicht zuletzt für die aufwendige Hofhaltung, kostspieligen Bauten und Inneneinrichtungen. Unter den drei Dessauer Fürsten, dem regierenden Johann, Joachim und Georg spielte der letztere in der Reformationsgeschichte des Landes eine wichtige Rolle; er war jedoch bemüht, den völligen Bruch mit dem katholischen Lager zu vermeiden. Ein Hauptwerk Lucas Cranachs d. J. von 1565, das repräsentative Abendmahlsbild aus der ehemaligen Schloßkirche, heute in der Kirche Dessau-Mildensee, zeigt die drei Fürsten inmitten eines Renaissancesaales.

Verschiedene Umstände der Erbfolge brachten es mit sich, daß 1570 die anhaltischen Länder unter Fürst Joachim Ernst, der ein geschickter Regent war und eine zentrale staatliche Verwaltung für Anhalt schuf, für einige Jahrzehnte vereinigt wurden. Das brachte trotz reger Bautätigkeit am Schloß Dessau und fürstlicher Prachtentfaltung eine gewisse finanzielle Erleichterung für Land und Bevölkerung mit sich. Unter den Söhnen Joachim Ernsts kam es allerdings erneut zur Erbteilung — 1603/06 entstanden die vier anhaltischen Fürstentümer Dessau, Bernburg, Zerbst und Cöthen. In der Folge wurde — wie in anderen deutschen Territorialstaaten —

der Weg zu einer absolutistischen Ausübung der Macht beschritten. Lange Zeit hat Zerbst unter den anhaltischen Ländern die führende Stellung innegehabt. In Cöthen regierte damals, bis 1650, Fürst Ludwig, der mit der Gründung der »Fruchtbringenden Gesellschaft« einen bedeutsamen Beitrag für die Pflege der deutschen Sprache leistete. Auf seine Veranlassung hin wurde auch ein großer Renaissance-Schloßgarten geschaffen, der die reiche Gartentradition Anhalts begründete.

Die fürstlichen Machtkämpfe des Dreißigjährigen Krieges haben Anhalt-Dessau nicht verschont. Ab 1626 gab es hier immer wieder Durchmärsche zum nahen Elbübergang und Einquartierungen, Kontributionen und Plünderungen durch Söldnerheere. Die Leiden der Bevölkerung stiegen ins Unermeßliche, die Pest dezimierte die Bevölkerungszahl. Der Krieg lähmte nicht nur die Wirtschaft im Lande, sondern brachte auch für die kulturelle Entwicklung erhebliche Rückschläge mit sich; mehr als ein halbes Jahrhundert lang stagnierte die Bautätigkeit.

Bei Abschluß des Westfälischen Friedens 1648 lagen große Schuldenlasten auf dem Fürstentum; die Landstände wurden gezwungen, einen Großteil der finanziellen Verpflichtungen zu übernehmen. In dieser Situation ging Johann Georg II., seit 1660 Fürst von Anhalt-Dessau, mit dem mächtigen Brandenburg-Preußen eine enge Verbindung ein. Länger als ein Jahrhundert sollte diese Allianz andauern. Kurfürst Friedrich Wilhelm hatte ihn 1758 zum General der Kavallerie und zum Statthalter der Kurmark bei seiner Abwesenheit ernannt. 1683 war Johann Georg als Generalfeldmarschall der brandenburgischen Truppenteile am Entsatz von Wien gegen die türkischen Belagerer beteiligt. Türkische Trophäen wurden später als Erinnerungsstücke ins Gotische Haus Wörlitz gebracht, verbrannten allerdings 1945 im Auslagerungsort. Die Beziehung beider Länder wurde zugleich dadurch gefestigt, daß der Dessauer Fürst 1659 eine Schwägerin des Großen brandenburgischen Kurfürsten Friedrich Wilhelm heiratete.

Prinzessin Henriette Catharina von Nassau-Oranien entstammte jenem Fürstengeschlecht, das die Generalstatthalterschaft der republikanischen Niederlande innehatte. In der Zeit, da Deutschland in größtem Kriegs-

»Stadt Dessau noerdlicher Seite«.
Aquatinta von C. Haldenwang nach H. T. Wehle,
Chalcographische Gesellschaft Dessau, 1801

elend lag, brach für die Niederlande, in denen zum ersten Male eine frühe bürgerliche Revolution im Kampf gegen die spanische Fremdherrschaft siegreich gewesen war, das Goldene Zeitalter an. Handel und Gewerbe, Wissenschaften und Künste standen in höchster Blüte. Dieser Heirat verdankte der Kleinstaat Anhalt-Dessau überaus wichtige Impulse für seine wirtschaftliche wie für seine kulturelle Entwicklung. Damals entstanden unter der Leitung des Holländers Cornelis Ryckwaert Stadt, Schloß und Park Oranienbaum. Von holländisch-palladianischer Tradition geprägt, sachlich streng und unaufwendig in der Dekoration waren auch andere, im Zweiten Weltkrieg zumeist vernichtete Bauten in der Residenzstadt, etwa die ebenfalls von Ryckwaert geschaffenen Kolonnaden auf dem Großen Markt, die Hofkammer oder die Johanniskirche. In ihnen fand dann Friedrich Wilhelm von Erdmannsdorff Anregungen für seine

frühklassizistischen Schöpfungen. Fürstin Henriette Catharina war nach dem Tode ihrer drei Schwestern die Erbin zahlreicher Gemälde von außerordentlicher künstlerischer Bedeutung. Nach weiterer Erbteilung konnte dieser oranische Bilderschatz zum größten Teil wieder in Anhalt-Dessau vereinigt werden und bildet heute den Grundbestand und die Glanzpunkte der Sammlungen in den Schlössern Mosigkau, Georgium und Wörlitz sowie dem Gotischen Haus Wörlitz. Darüber hinaus sind Künstler auch in direktem Auftrage der Fürstin tätig gewesen, so Adrian Hannemann, die Brüder van Honthorst, Jacques Vaillant, die Malerfamilie Mytens, Maria van der Laeck und Abraham Snaphan.

Nicht unwesentlich in der Epoche des entfalteten Feudalabsolutismus ist auch die Haltung der Herrscher in Glaubensfragen gewesen. Ihr Bekenntnis bestimmte ja in der Regel das des ganzen Landes, war auch von Bedeutung für den Kirchenbau. Seit der Herrschaft Johann Georgs I., der bei Ausbruch des Dreißigjährigen Krieges starb, wurde das reformiert-calvinistische Glaubensbekenntnis im Lande durchgesetzt, unter seinem Enkel und dessen niederländischer Gemahlin jedoch 1679 die Freiheit der Glaubensausübung für die Lutheraner gewährt und der jüdischen Bevölkerung Dessaus der Bau einer Synagoge gestattet. Man mag darin — sicherlich auch in ökonomischen Erwägungen begründete — Ansätze zu einer Toleranzpolitik sehen, die dann in der zweiten Hälfte des 18. Jahrhunderts, unter dem der bürgerlichen Aufklärung verpflichteten und philanthropisch gesonnenen Fürsten Franz, ihren beispielhaften und vielbeachteten Höhepunkt fanden.

1698 übernahm Fürst Leopold I., nachdem er volljährig geworden war, die Herrschaft in Anhalt-Dessau. Künstlerische Interessen wie seine Mutter hatte er nicht; er ist ein nüchterner, dem Praktischen zugewandter Charakter gewesen. Auch Leopold, der »Alte Dessauer«, stand als Generalfeldmarschall in den Diensten von Brandenburg-Preußen. Der sehr erfolgreiche Heerführer wurde zum Reorganisator und zum eigentlichen Begründer der preußischen Infanterie, zum Drillmeister der Armee. Die Einheitlichkeit in Uniformierung, Bewaffnung und Handgriffen, das Exerzieren und der Gleichschritt gehen ebenso auf ihn zurück wie die Einführung des Salvenschießens in drei Gliedern, des Bajonetts, des eisernen Ladestocks, von Kirchenparaden und Feldgottesdiensten. Ein unehelicher Sohn des Alten Dessauers, Georg Heinrich von Berenhorst, sollte es sein, der mit seinen 1795/96 erschienenen »Betrachtungen über die Kriegskunst« zum schärfsten Kritiker der Raubkriegspolitik der deutschen Fürsten und theoretischen Wegbereiter der späteren Militärreformer wurde. Reiche Geldeinkünfte aus seiner militärischen Tätigkeit gestatteten Leopold, Güter in Ostpreußen zu erwerben. In Anhalt-Dessau brachte er durch Auskäufe und Zwangsmaßnahmen Rittergüter und bäuerliche Besitzungen an sich, wurde fast alleiniger Grundbesitzer des Landes. Er drängte den Einfluß des eingesessenen Adels auf ein Minimum zurück und verwirklichte so das Ziel des absoluten Fürstenstaates. Das gestattete ihm und seinen Nachfolgern weitreichende Handlungsfreiheit.

Umfangreich waren Leopolds Anstrengungen, Wert und Einkünfte des Territoriums durch landeskulturelle Maßnahmen zu steigern. Hierbei kamen ihm die während seiner Kriegszüge, zum Beispiel nach Holland, gesammelten Erfahrungen zugute. Die beiden Hochwasserdeiche längs der Elbe und im Mündungsgebiet der Mulde entstanden damals, der Entwässerung des Niederungsgebietes dienten der Kapen- und der Landgraben, etliche seit dem Mittelalter wüst liegende Siedlungen wurden aufgebaut. Neugründungen, in denen sich bis heute Kolonistenhäuser erhalten haben, sind die planmäßig angelegten Reihendörfer Horstdorf, Brandhorst und ein Teil von Kakau. In Dessau entstanden zur gleichen Zeit die Wasserstadt und die Neustadt, die Kavalierstraße und ein Stadtviertel im Westen des alten Stadtkerns. Große ökonomische Bedeutung gewann das abhängige Pächtertum auf den fürstlichen Domänen, deren Einrichtung durch die Verdrängung des Landadels möglich geworden war — unter anderem in der neu erworbenen Herrschaft Gröbzig, einem weit ausstrahlenden Zentrum der später unter Fürst Franz einsetzenden Landwirtschaftsreformen. Repräsentative Bauten für sich selbst hat Fürst Leopold nicht errichten lassen. Und nur verhältnismäßig bescheiden fielen die wenigen Kirchenbauten aus, ebenso die Dessauer Stadtpalais für die Söhne Eugen, Moritz und Dietrich sowie für seine Schwester, die verwitwete Prinzessin von Radziwill.

Der seit 1747 regierende Fürst Leopold II. Maximilian wandte sein Interesse wieder dem Residenzschloß in Dessau zu, dessen Nordflügel schon längere Zeit abgerissen war. Der Renaissancebau vermochte wohl kaum mehr zeitgemäßigen Wohn- und Repräsentationsansprüchen zu genügen. Doch der frühe Tod des Fürsten und der Siebenjährige Krieg verhinderten die vollständige Ausführung der Planungen Knobelsdorffs. Mit Schloß und Garten Mosigkau hingegen, entstanden für eine Tochter des Alten Dessauers, fand die absolutistische Kunstentwicklung des Barock und Rokoko in Anhalt-Dessau einen glanzvollen Höhepunkt und Abschluß.

Die zahlreichen Bauten und Gärten, die seit dem Regierungsantritt des Fürsten Leopold III. Friedrich Franz von Anhalt-Dessau im Jahre 1758 errichtet und angelegt wurden, gehören schon einer neuen Epoche an. Sie sind, selbst wenn in fürstlichem Auftrag entstanden, keine Anlagen der absolutistischen Repräsentation und Machtdemonstration, des engumgrenzten höfischen Lebens mehr. Aus ihnen sprechen die Ideen der Aufklärung, des bür-

gerlichen Epochenumbruchs am Vorabend der Französischen Revolution von 1789 — nicht nur, was die Kunstentwicklung, die Wende vom Rokoko zum Klassizismus und zur Neugotik, den Übergang vom regelmäßigen Barockpark zum Landschaftsgarten anbelangt. Vielmehr waren die künstlerischen Bemühungen Teil und Ausdruck, Krönung von vielfältigen, alle Lebensbereiche umfassenden Reformbemühungen, vergleichbar etwa denen des habsburgischen Kaisers Joseph II. Landwirtschaft und Gewerbe, die Hebung des Volkswohlstandes sind darin ebenso eingeschlossen wie das Bildungs-, das Sozial- und Medizinalwesen, die religiöse Toleranzpolitik und die großangelegte Landesverschönerung. Von diesen Bestrebungen wird noch ausführlicher zu sprechen sein,

weil sie ja auch prägende Auswirkungen auf das Baugeschehen hatten.

Charakteristisch für die Politik des philanthropisch-aufgeklärten Absolutismus, der die Machtverhältnisse allerdings nie in Frage stellte, ist Franz' Friedenssehnsucht, seine Abkehr von der traditionell engen Beziehung zu Preußen gewesen. Sein Wirken war auch vom Bewußtsein der Verantwortung des Landesoberhauptes gegenüber seinen »Landeskindern« getragen. »Das Schöne mit dem Nützlichen« — diesen Leitgedanken, beruhend auf einem Grundmotiv der Aufklärung, der Einheit von Natur und Vernunft, suchte Franz im praktischen Handeln zu verwirklichen. Ihm zur Seite standen solche bedeutenden Persönlichkeiten wie der Kabinettsrat August Rode, ein Antikekenner und -übersetzer, der Oberhofmarschall und spätere Kritiker fürstlicher Militärpolitik Georg Heinrich von Berenhorst, der Landwirt-

»Grundriss der Stadt Dessau mit den Umgebungen«.
Kupferstich von C. Mare nach H. F. Vieth, 1834

schaftsfachmann und Amtskammerrat Georg Karl von Raumer, die hervorragenden Pädagogen und Schulreformer Johann Bernhard Basedow und Carl Gottfried Neuendorf und schon seit 1756 Friedrich Wilhelm Freiherr von Erdmannsdorff. Erdmannsdorff trat nicht allein als Architekt hervor, er bemühte sich auch intensiv um die Förderung des Handwerks und der Künste, war vielfach der Inspirator, die vorwärts treibende Kraft im Bemühen um die Wohlfahrt des Landes, um die Verbesserung des Lebens der Menschen. Franz' Biograph, der Wörlitzer Probst Reil, berichtet 1845 über eine Äußerung des Fürsten: »Hätte ich Erdmannsdorf nicht zur Seite gehabt, der mich immer wieder ermunterte und anfrischte, wenn ich matt werden wollte, so würde ich Vieles gar nicht begonnen, Anderes liegen gelassen haben. Ihm verdanke ich, ihm verdankt das Land die Ausführung und Vollendung meist Alles dessen, was da ist und den Leuten Freude macht. Erdmannsdorf war ein gediegener Mann, mein einziger wahrer Freund und Pfleger der Ideen, dem ich mein Leben geweiht hatte.«

Nicht allein der tiefe Eindruck, den die Lektüre der literarischen Werke der Aufklärung und des Sturm und Drang hinterließ, hatte den Willen zu solchen umfassenden Reformbemühungen bekräftigt — es waren vor allem auch die Eindrücke und Erfahrungen zahlreicher Reisen, die Erdmannsdorff und Franz gemeinsam in Begleitung anderer einflußreicher Persönlichkeiten oder getrennt nach Holland, Frankreich, in die Schweiz, vor allem jedoch nach England und Italien unternahmen.

In England, dem politisch, wirtschaftlich und kulturell fortgeschrittensten Land Europas, richteten sie ihr Interesse besonders auf das moderne Landwirtschaftssystem, die zeitgenössische palladianisch-klassizistische und neugotische Architektur und gleichermaßen auf die Gartenkunst. Der Landschaftsgarten war hier entstanden; er galt als Verkörperung freiheitlichen Gedankengutes, als Gegenentwurf zu den nach außen abgeschlossenen, streng regelmäßigen, gleichsam reglementierten Anlagen des Barock und Rokoko, in deren Zentrum sich das Schloß als Machtsymbol des absoluten Herrschers erhebt. In Italien berührte und begeisterte die Kunst der Antike. Sie wurde zum nachstrebenswerten Vorbild, fand man in ihr doch das Ideal eines freien, den bürgerlichen Aufklärungsideen verpflichteten Menschentums.

Franz' Suchen und Streben, sein Selbstverständnis als Landesoberhaupt und Sproß einer traditionsreichen Fürstenfamilie trugen auch Widersprüche in sich. Sie fanden in der romantisierend-verklärenden Rückbesinnung auf das Mittelalter, in den neugotischen Profan- und Sakralbauten, die neben den zahlreichen klassizistischen Bauwerken Erdmannsdorffs im »Gartenreich« Anhalt-Dessau entstanden, ihren künstlerischen Ausdruck. Mit dem Tode Friedrich Wilhelm von Erdmannsdorffs im Jahre 1800 hatte die Epoche großartiger Reform- und Kunstleistungen ihren Höhepunkt überschritten. In den napoleonischen Kriegen, die auch für Anhalt-Dessau schwerwiegende Folgen mit sich brachten, galt es, das Erreichte nach Möglichkeit zu sichern. Als Fürst Franz 1817 starb, wurde vieles jedoch von dem, was humanitärer Fürstenwille, unterstützt und geleitet von zahlreichen Weggefährten, in Sehnsucht nach Gemeinwohl und Harmonie durchgesetzt hatte, hinfällig. Die künstlerischen Zeugnisse jener Zeit allerdings wirken in ihrer jugendlichen Kraft und Schönheit bis in unsere Zeit hinein.

Wörlitz, Decke des Neuen Turms im Gotischen Haus
*
Wörlitz, Pfarrkirche St. Petri, 1805—1809, und Kirchplatz

Wörlitz, Villa Hamilton auf der Insel Stein, 1791—1794
*
Wörlitz, Pantheon, 1795—1797

Dessau, Schloß Georgium, ab 1781
*
Dessau, Römischer oder Weißer Bogen im Georgengarten

Dessau, Blumenhaus im Georgengarten
*
Dessau, Ruinenbrücke im Georgengarten

Mosigkau, Galeriesaal im Schloß

*

Mosigkau, Chinesischer Gartenpavillon, 1775

*

S. 36: Mosigkau, Gartenskulptur einer Korbträgerin

Schloß Dessau

Der 7. März 1945 war ein Schicksalstag für Dessau. — 85 Prozent des Kerns der Stadt wurden in Trümmer gelegt, darunter auch zahlreiche historische Bauten, die ihr ein so unverwechselbares architektonisches Gepräge gegeben hatten. Das nahe der Mulde gelegene Schloß und die benachbarte Schloßkirche St. Marien waren bis auf die Umfassungsmauern zerstört. Beim Wiederaufbau Dessaus blieb das Äußere des ältesten, architekturgeschichtlich besonders bedeutsamen Teils der Dreiflügelanlage bestehen. Dieser sogenannte Johannbau, 1530 bis 1533 von dem Renaissancebaumeister Ludwig Binder errichtet, wurde jüngst in ein Ensemble von Neubauten mit einbezogen.

Ludwig Binder war vom regierenden Fürsten Johann IV. für den Schloßbau und die Vollendung der Kirche St. Marien berufen worden, weil er einer angesehenen, von der Magdeburger Dombauhütte her bekannten Steinmetz- und Baumeisterfamilie angehörte. Er und Bastian Binder — möglicherweise sein Vater — sind zu dieser Zeit gerade in Halle für den Kardinal Albrecht von Brandenburg, Erzbischof von Magdeburg und Mainz, tätig gewesen. Kardinal Albrecht, der mächtigste unter den deutschen Kirchenfürsten und Hauptgegner der vom nahen Wittenberg ausgehenden Reformation, hatte seine Residenz dorthin verlegt und entwickelte eine überaus rege Bautätigkeit. Sehr früh für Deutschland, um 1520, hielt die neue »welsche Manier«, die von Italien ausgehende Renaissance, ihren Einzug in die Saalestadt. Bis über die Jahrhundertmitte hinaus wurde die hallesche Renaissance bestimmend für den mittel- und norddeutschen Raum, so auch für den Neubau des Dessauer Schlosses. Das anhaltische Fürstenhaus unterhielt recht enge Kontakte zu Albrecht. Als Fürst Ernst bei seinem Tode 1516 die Söhne Johann, Georg und Joachim unmündig hinterlassen hatte, übernahm Kardinal Albrecht die Vormundschaft für Georg. Georg sollte später einmal einem Verwandten im Amte des dem Erzbistum Magdeburg unterstellten Bischofs von Merseburg nachfolgen. Jahre danach erlangte er eine bedeutsame Rolle bei der Einführung der Reformation in Anhalt-Dessau. Auf ihn geht eine reiche, reformationsgeschichtlich besonders interessante und trotz der Kriegsverluste immer noch hervorragende Sammlung von Büchern und Handschriften zurück, die heute in der Stadtbibliothek Dessau neben anderen wertvollen historischen Beständen verwahrt wird.

Im Verlaufe der frühbürgerlichen Revolution in Deutschland hatten die Fürsten ihre Territorialmacht gefestigt und waren zur dominierenden gesellschaftlichen Kraft geworden. Es kann nicht verwundern, wenn sie nun danach strebten, ihrem Bedürfnis nach Repräsentation, höherer Wohnkultur und zugleich den Erfordernissen der zentralisierten landesherrlichen Verwaltung und Ökonomie auch in aufwendigen Schloßbauten Rechnung zu tragen. Die mächtigen, den Anhaltinern verwandtschaftlich verbundenen Wettiner des Kurfürstentums Sachsen waren in Wittenberg den Dessauer Fürsten darin bereits vorangegangen. Von den mittelalterlichen Feudalsitzen unterschied sich der moderne fürstliche Repräsentationsbau wesentlich. Die Wehrfunktion trat zurück, zumal neben den gesellschaftlichen Kräfteverschiebungen zugunsten der Landesfürsten die Erfindung von Feuerwaffen neue Formen der Verteidigung und Kriegführung erforderte. An die Stelle der Burg trat das Schloß. Am ehesten wird dies ab 1471 mit dem Bau der Albrechtsburg durch Arnold von Westfalen für die durch den erzgebirgischen Silberbergbau reich gewordenen Wettiner in Meißen sichtbar: Nach einheitlichem Plan angelegt, befinden sich die Räume jedes Geschosses in gleicher Höhenlage, große Fenster gewähren im Inneren eine ausreichende Helligkeit. Ein Wendelstein verbindet die Stockwerke miteinander und verleiht der Hoffassade einen kraftvoll-würdigen Akzent.

In der Zeit des Aufblühens der frühbürgerlichen Kultur im Heiligen Römischen Reich deutscher Nation traten die Künstler und Architekten aus der Anonymität des mittelalterlichen Handwerkerstandes heraus. So wird auch der Name des Baumeisters, der den Westflügel des Dessauer Schlosses errichtete, faßbar. Ludwig Binder war in Halle, vielleicht unter der Leitung Bastian Binders, am Ausbau der ehemaligen Dominikanerkirche zur Kirche des Kollegiatstiftes Albrechts von Brandenburg, des »Doms«, beteiligt gewesen. Von dort her brachte er die neuen, modernen Gestaltungsprinzipien und Dekorationsformen der Renaissance mit, die nun am Johannbau in Erscheinung traten. Der erste bekannte Schloßbau der anhaltischen Fürsten in Dessau stammte aus dem 14. Jahrhundert, war aber schon 1405 bei einer Belagerung zur Hälfte vernichtet worden. Nach 1470 entstanden ein nördlicher und ein östlicher Flügel, denen dann etwa sechzig Jahre später der Binderische Trakt im Westen folgte.

Durch den Zweiten Weltkrieg ist das ursprüngliche Aussehen des Johannbaus heute erheblich beeinträchtigt. Aber schon zu Beginn des 19. Jahrhunderts hatte es bei einem Umbau wesentliche Veränderungen gegeben. Damals wurden das steile Satteldach und die reich dekorierten Zwerchhäuser davor zu einem dritten Geschoß ausgebaut. Lediglich die vorgeblendeten Pilaster über dem Gesims mögen noch an die bewegte Dachgliederung des Ursprungszustandes erinnern. Entwurfszeichnungen Ludwig Binders vermitteln einen ungefähren Eindruck vom originalen Aussehen, ebenso Gliederung und Bauornamentik des Nordgiebels, der nach einer Verlängerung des Flügels, bereits im 16. Jahrhundert, mit dem alten Material wiedererrichtet worden war. Neuartig für den mittel-

»Das Schloss zu Dessau mit seinen Umgebungen 1665«.
Kupferstich von H. Neubürger, um 1850

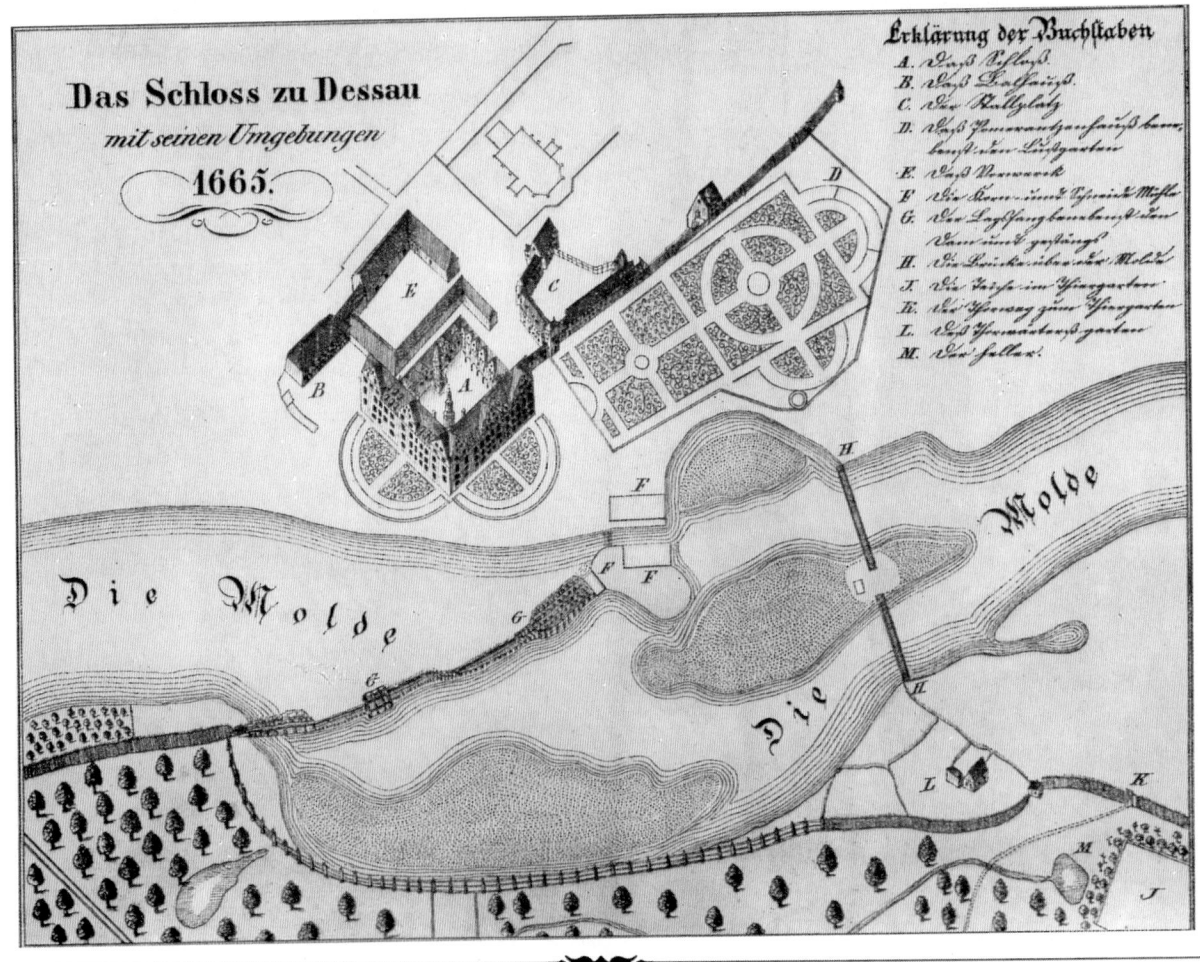

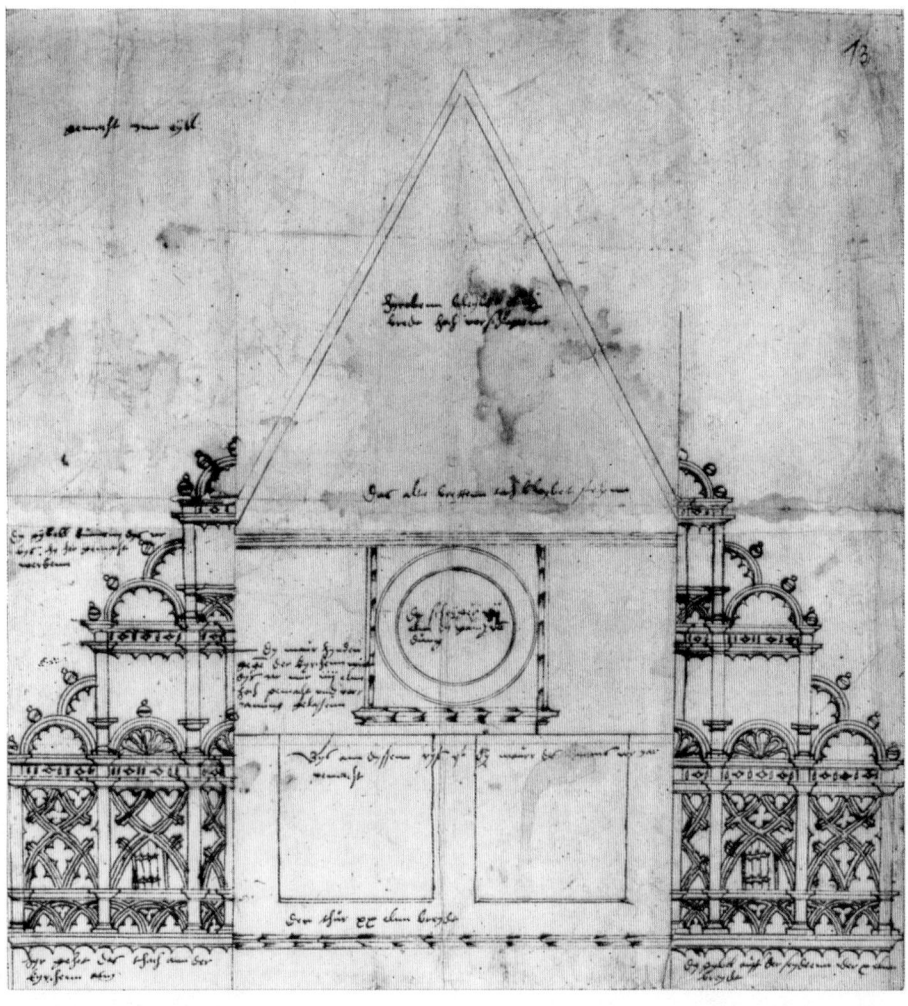

Entwurfszeichnung Ludwig Binders
für die Schloßkirche Dessau

deutschen Raum und hier erstmals nachweisbar ist die
Verwendung von Terrakotta. Ein anderer vorwärtsweisender Gedanke, der im Torgauer Schloß Hartenfels
dann bald seine schönste Vollendung erfahren sollte, war
auch der fünfseitige Treppenturm über dem brüstungsumwehrten Altan, einem reich dekorierten Sockelunterbau mit Treppenläufen zu beiden Seiten. Dieser Wendelstein und sein hoher spitzer Helm betonten gemeinsam
mit den Zwerchhäusern vor dem steilen Dach das vertikale Element im Kontrast zur Horizontalen der Fensterreihen beider Geschosse. Vom Wendelstein aus war der
Festsaal im Hauptgeschoß zu erreichen. Er erstreckte
sich über etwa ein Drittel der gesamten ursprünglichen
Breite des Baues.

Noch der spätgotischen Tradition verhaftet sind die
Gewändeprofilierungen der rechteckigen Fenster, einiger
Portale und die ehemaligen Rippenwölbungen im Inneren. Neuartig hingegen ist wieder die Formgebung der
beiden Hauptportale. Die Rahmung besteht aus skulptierten Pilastern beziehungsweise Balustersäulen, nach
oben abgeschlossen von einem verkröpften Gesims, Segmentbögen und aufgesetzten Kugeln. Solche Architekturplastik war farbig gefaßt und teilweise vergoldet. Die
Hauptportale entstanden in Anlehnung an die Gewände
des halleschen Domportals, die ihrerseits auf eine Verwandtschaft mit oberitalienischer Kunst hinweisen. Die
unmittelbare Kenntnis der modernen Renaissanceformen
in den mitteldeutschen Bauten der zwanziger und dreißiger Jahre des 16. Jahrhunderts wurde jedoch durch Vorbilder aus Böhmen und Süddeutschland, vielleicht auch
vom Mittelrhein vermittelt; sicher gingen von grafischen

und zeichnerischen Vorlagen und mitunter von Werken der Kleinkunst ebenfalls Anregungen aus. Am Nordgiebel des Schlosses Dessau begegnet uns, wie bei der Attika des Domes zu Halle, erneut der Bogen als vermittelndes Motiv zwischen einer abgestuften Pilaster-Gebälk-Gliederung. Bogengiebel finden sich im mitteldeutschen Raum bereits kurz vorher an den ehemaligen Zwerchhäusern des Gewandhauses in Zwickau sowie an den Schlössern Hinterglauchau und Forderglauchau. In der gesamten Giebelgliederung zeigt sich, daß die deutschen Baumeister die in Italien entstandenen, sich auf die Tektonik antiken Bauens rückbesinnenden Formen der Renaissance über längere Zeit in einem dekorativen Sinne, nicht aber als konstruktives Prinzip verstanden haben. In voller Klarheit wird der antike Ursprung in dieser Region erst wieder in den klassizistischen Bauten Erdmannsdorffs deutlich werden.

In der Folge hat der gesamte, heute nicht mehr bestehende Komplex des Dessauer Schlosses mehrfach Veränderungen erfahren. Noch zu Fürst Johanns Zeiten begann der Bau eines abschließenden südlichen Traktes, so daß nun eine für den deutschen Schloßbau der Renaissance typische Vierflügelanlage entstanden war, deren Teile jedoch verschiedenen Epochen entstammten. Als dann Fürst Joachim Ernst, der während seiner Regierungszeit durch Erbfolge alle anhaltischen Länder vereinigte, nach 1570 den Festungsbaumeister der Kurfüsten von Sachsen und Brandenburg, Graf Rochus von Lynar, und Peter Niuron aus Brieg verpflichtete, mußte dieser jüngste Teil einem Neubau weichen, ebenso der ältere Ostflügel. Der an Künsten und Wissenschaften interessierte Joachim Ernst erließ übrigens 1572 eine Bauordnung, die bis ins 19. Jahrhundert hinein Gültigkeit behielt. Seine Baulust war mit großer Prachtentfaltung verbunden: So erforderte die fürstliche Hochzeitsfeier, die vom 11. Dezember 1585 bis zum 10. Januar 1586 währte, für Empfänge, Essen, Ritterspiele, Feuerwerke und andere Veranstaltungen die immense Summe von 6 014 Talern, ein Zehntel aller Jahreseinnahmen der Landeskasse.

Verschiedene Ausstattungsteile aus dem Lynar-Niuron-Bau des Dessauer Schlosses sowie ein großes, um 1685 entstandenes Deckengemälde sind später in das Gotische Haus zu Wörlitz eingefügt worden, nachdem diese Süd- und Ostflügel seit dem Regierungsantritt des Fürsten Leopold II. Maximilian im Jahre 1747 nach Plänen Georg Wenceslaus von Knobelsdorffs umgestaltet worden waren. Die Verpflichtung des großen Potsdamer und Berliner Architekten geht auf die enge, lang andauernde politische Verbindung des Fürstentums Anhalt-Dessau mit Brandenburg-Preußen zurück. Der frühe Tod des Fürsten und der Siebenjährige Krieg verhinderten jedoch die Fertigstellung des Projektes. Sein Nachfolger Leopold III. Friedrich Franz zog dann, aus Anlaß seiner Vermählung 1767, Friedrich Wilhelm Freiherr von Erdmannsdorff zur Ausgestaltung einiger Räume heran. Das war der erste größere Auftrag des jungen, seit 1756 mit Franz freundschaftlich verbundenen Architekten. Die frühklassizistischen Schloßinterieure, deren Grundmotive er bald im Schloß Wörlitz in vollendeter Weise wiederholte, ließen seine frühe Meisterschaft erkennen. Auch über diese Kostbarkeiten vermögen heute leider nur noch Fotografien, Beschreibungen und andere Dokumente Aufschluß zu geben.

Oranienbaum

Oranienbaum ist in der DDR neben den später entstandenen Residenzen Neustrelitz und Ludwigslust eine Stadtgründung des Barock, deren regelmäßige Anlage sich im Kern weitgehend und unzerstört erhalten hat. Als geplantes räumliches Ensemble verdient die Stadt in ihrer engen gestalterischen Beziehung zu Schloß und Park besonderes Interesse.

1673 erhielt der Ort seinen Namen nach dem des Fürstengeschlechtes der Henriette Catharina von Nassau-Oranien, einer Tochter des Erbstatthalters der Niederlande Friedrich Heinrich. Die Prinzessin war 1659 mit Johann Georg II. von Anhalt-Dessau vermählt worden, und im gleichen Jahr ging die damalige Siedlung Nischwitz in ihren persönlichen Besitz über. Umfangreiche Baulichkeiten fand die Oranierin hier nicht vor: Ein Wohngebäude, geschützt durch Wall und Graben, von dem sich ein Teil im Gelände des Schloßparkes bis heute erhalten hat, einen Wirtschaftshof, Häuser für die Bediensteten und schließlich auch ein Bethaus. Diese Anlage stand noch gar nicht lange. Sie war 1644 oder 1645 von Fürstin Agnes, der ersten Gemahlin Johann Casimirs von Anhalt-Dessau, errichtet worden. Etwa 150 Jahre lang hatte bis dahin das 1179 erstmalig als Besitztum des Klosters Nienburg erwähnte Nischwitz wüst gelegen.

Der Herkunft Henriette Catharinas aus den damals in Blüte stehenden bürgerlichen Niederlanden verdanken Oranienbaum und der gesamte Kleinstaat Anhalt-Dessau einen erheblichen Aufschwung in Wirtschaft und Kultur. So erfuhr der Deichbau im Elbe-Mulde-Überschwemmungsgebiet durch die holländischen Erfahrungen wesentliche Impulse. Im Jahre 1669 ließ die Fürstin in Oranienbaum eine Glashütte errichten, später dann, 1693, ein Brauhaus, dessen durch einen Brand notwendig gewordener Neubau von 1815/16 noch in der Försterstraße steht. Von Beginn an entwickelten sich in der Stadt landwirtschaftlich geprägte Gewerbe — neben der Bierbrauerei die Leinen- und dann die Tuchweberei, das Branntweinbrennen und nicht zuletzt, ebenfalls ab 1693, Tabakanbau und Tabakverarbeitung, ein Wirtschaftszweig, der seine Bedeutung bis zum 20. Jahrhundert behalten sollte. Im 1719 entstandenen Fachwerkbau, Straße des 7. Oktober Nr. 40, ist ein für die Tabakverarbeitung typisches Gebäude mit seinem zum Hof hin offenen Trockenboden erhalten geblieben.

Die Feldgärten der Bewohner Oranienbaums lagen nahe bei ihren Anwesen. Traufenhäuser mit Dachluken, Tordurchfahrten, Stallungen und Speichern zu Seiten der Höfe entsprachen dieser ökonomischen Struktur. Das etwa 1720 errichtete Haus an der Ecke Marktstraße/Försterstraße ist ein Beispiel hierfür; einen Wirtschaftstrakt besitzt ebenso das ehemalige Pfarrhaus am Markt aus der Zeit um 1700. Durch ein Marktprivileg war Oranienbaum 1695 wirtschaftlich in den Rang einer Stadt gehoben worden, bis zur Einführung der Städteordnung von 1852 wurde ihr jedoch niemals eine eigenständige Verwaltung zugestanden. Dieser Ausdruck der Machtverhältnisse in der Epoche des entfalteten Feudalabsolutismus fand zugleich eine sichtbare Parallele in der Zu- und Unterordnung des Stadtensembles zum Schloß.

1683 war Henriette Catharina daran gegangen, in Oranienbaum einen Sommersitz errichten und den Ort nach einheitlichem Plan neu anlegen zu lassen. Hier empfing sie später hochgestellte Gäste, wie Kurfürst August von Sachsen und den preußischen König Friedrich I. Nach ihrem Tode 1708 wurde Oranienbaum zu einem beliebten Jagdsitz des Fürsten Leopold. Für die umfangreichen Bauaufgaben hat Henriette Catharina den Holländer Cornelis Ryckwaert herangezogen. Ryckwaert, wahrscheinlich ein Schüler des bedeutenden holländischen Architekten Pieter Post, wird 1662 erstmalig beim Bau des Schlosses Sonnenburg in der Neumark urkundlich genannt; fünf Jahre später trat er als Festungsbaumeister zu

Küstrin in brandenburgische Dienste. Eine seiner Hauptleistungen war die Wiedererrichtung des Schlosses Schwedt und die Anlage des dortigen Gartens. Da Kurfürst Friedrich Wilhelm von Brandenburg mit einer Schwester der anhalt-dessauischen Landesherrin verehelicht war und Johann Georg II. als Generalfeldmarschall eine bedeutende Position in dessen Heer einnahm, lag eine solche Wahl nahe. Sicher dürfte dabei die Herkunft des Baumeisters aus dem Heimatland der Oranierin ebenfalls von Bedeutung gewesen sein. Nach den Verwüstungen des Dreißigjährigen Krieges waren im nord- und mitteldeutschen Raum nicht wenige Fachleute aus Holland tätig. Ihre palladianische Baugesinnung prägte in dieser Zeit wesentlich die Strenge und Klarheit des nördlichen Barock. Auch zum benachbarten Anhalt-Zerbst besaß Cornelis Ryckwaert Kontakte: 1681 beziehungsweise 1683 begann er dort mit dem Bau eines großen Residenzschlosses und der Trinitatiskirche.

Für die Anlage der Stadt Oranienbaum ist Ryckwaert zweifellos von den idealen Stadtplänen des Barock angeregt worden. So liegt etwa der Vergleich mit einem Projekt des Italieners Vincenzo Scamozzi in seinem Werk »Idea dell'architettura universale«, Venedig 1615, nahe. Ähnlich diesem Plan entwarf Ryckwaert für Oranienbaum ein regelmäßiges, rechtwinkliges Straßennetz mit zentralem quadratischen Marktplatz. Seine doppelten Baumreihen nehmen die gleiche Form noch einmal auf. Die zunächst zwölf Quartiere der Stadt entsprachen ungefähr der Breite des Schlosses und der ehemaligen begleitenden Gartenteile. Genau auf das Schloßportal ausgerichtet, verengt sich die Marktstraße hinter der Platzerweiterung, um so den Eindruck einer längeren Ausdehnung zu erreichen. Eine Weiterführung der Achse war wegen der dicht heranreichenden Landesgrenze zu Sachsen nicht möglich.

Das dreiflügelige Schloß mit den anschließenen Kavalierpavillons und Wirtschaftsgebäuden wird in seiner Bauhöhe zur Stadt hin differenziert. Die Häuser an den Eckpunkten der Marktstraße und des Platzes waren doppelstöckig, die anderen Bürgerhäuser jedoch nur einstöckig, auch das von Henriette Catharina gegründete und 1786 erneuerte Witwenhaus an der Nordostecke. Inmitten der sich kreuzenden Straßenachsen des Marktplatzes

steht, anstelle des ehemaligen Brunnens, seit 1719 eine putten- und wappengeschmückte Sandsteinvase mit schmiedeeisernem Orangenbaum, dem Wappensymbol der Oranier. Von dort aus geht der Blick in südlicher Richtung auf die Stadtkirche am Ende der Querstraße. Sie liegt inmitten der Stadtraumerweiterung, die man unter dem Fürsten Leopold um 1707 vornahm. Den Bau einer Stadtkirche als axialer Gegenpol zum Schloß, wie in der barocken Städteplanung oft üblich, gestattete die nahe Landesgrenze nicht.

Die erste, bereits von Fürstin Agnes begonnene und durch Henriette Catharina vollendete Kirche dürfte wohl nur eine geringe Größe besessen haben. Mit wachsender Einwohnerzahl ergab sich die Notwendigkeit für einen Neubau, dessen Grundstein dann 1704 oder 1707 gelegt wurde. Ende des Jahres 1712 erfolgte die Weihe des über ovalem Grundriß errichteten Gebäudes. Sein Mansardwalmdach, von einem schlanken Turm bekrönt, ist weithin sichtbar. Die Gestaltung des Inneren mit umlaufender Empore folgt ganz den Prinzipien des auf Predigtwort und Gemeindegesang gerichteten protestantischen Zentralkirchenbaus. Diese Stadtkirche war für die Angehörigen des im Lande herrschenden reformiert-calvinistischen Glaubens bestimmt. Um nun die Lutheraner im Ort — 1679 wurde die Bekenntnisfreiheit gewährt — vom Kirchgang nach dem außer Landes liegenden Goltewitz abzuhalten, entstand in der Nähe des Schloßparkes 1751/52 eine weitere, kleine Kirche. Nach mehreren Reparaturen und Umbauten dient sie seit 1920 Wohnzwekken. Vom ehemaligen Aussehen zeugen noch die oktogonale Grundrißform, das gewalmte Mansardendach und das ebenfalls achtseitige Türmchen. Gemeinsam mit der Pagode des anglo-chinoisen Parkteils bildet sie eine reizvolle Kulisse an der Straße nach Wörlitz.

Als Fürstin Henriette Catharina nach dem Tode ihres Gemahls 1693 die Regentschaft für ihren unmündigen Sohn Leopold übernahm und Oranienbaum zum Witwensitz wählte, war der Schloßbau noch nicht fertiggestellt. Ein Plan Christoph Pitzlers aus dem Jahre 1698 zeigt eine dreiflügelige Anlage. Dem doppelgeschossigen Corps de logis, dem Mittelteil mit gewalmtem Dach, ist ein flacher Risalit vorgelegt. Zwei Zwerchhäuser begleiten den mit oranischen und anhalt-dessauischen Wappen geschmücktem Dreieckgiebel. Zurückhaltende Fenster-umrahmungen, Quaderungen am Sockel, von dem aus eine doppelläufige Treppe zum Hauptgeschoß hinauf-führt, auch zu Seiten des Risalits und an den Gebäude-ecken beleben die flächige Fassadengestaltung. Ihr sand-steinfarbiger Anstrich kontrastiert mit der kräftigen Ockerfarbigkeit der Putzflächen. Ähnlich sind die kurzen Seitenflügel, die den Ehrenhof begrenzen, gegliedert. Entsprechend Ryckwaerts Vorstellungen waren sie bei dessen Tod 1693 noch einstöckig; eine Dachterrasse bot der Fürstin und ihren Gästen die Möglichkeit weiter Aus-blicke.

Auf der Gartenseite wurde dem hier weiter vorsprin-genden Mittelbau noch eine Halle vorgelegt. Ihre toskani-schen Säulen sind in rhythmischen Intervallen angeord-net. Eine Freitreppe führt vom Gartenparterre aus zum Eingang des ersten Geschosses, und im Obergeschoß ge-stattet eine Doppeltür den Austritt vom zentralen Saal auf den Altan. Auf der Balusterumwehrung stehen, die Säulengliederung darunter noch einmal betonend, musi-zierende Putten. Plastischer Schmuck mit Wappenschil-den und den Göttinnen Fortuna und Flora ziert das ab-schließende Giebelfeld.

Bereits bei den Planungen zum Zerbster Schloß war Cornelis Ryckwaert vom Gedanken einer offenen und

breit gelagerten Dreiflügelanlage ausgegangen. Dieser Bautyp hatte sich zuvor in Frankreich herausgebildet, auch in Holland Verbreitung gefunden und in Versailles seinen Höhepunkt erreicht. Er wurde in Oranienbaum, verglichen mit Zerbst, in seinen Merkmalen durch spä-tere Anbauten noch deutlicher als ursprünglich vorgese-hen betont. Die Schlösser in Gotha, Zeitz, Weißenfels und im nahegelegenen Coswig — mit Ausnahme von Gotha alle nach dem Ende des Dreißigjährigen Krieges errichtet — wirken dagegen immer noch geschlossen, be-sitzen einen dem Fortifikationsbau verpflichteten Cha-rakter. Erst einige brandenburgische Lustschlösser, das hannoversche Schloß Herrenhausen und eben Zerbst und Oranienbaum öffneten sich nach außen, zur Stadt und zum Park hin. Nach den Zerstörungen des Zweiten Weltkrieges, die auch Zerbst schwer betroffen haben, ist Oranienbaum nunmehr das früheste erhaltene Beispiel einer solchen Anlage auf dem Gebiet der DDR.

Die 1698 entstandene Zeichnung Christoph Pitzlers gibt beiderseits der dann bald aufgestockten Seitenflügel quadratische Kavalierhäuser wieder, die zu diesem Zeit-punkt ihre volle Höhe noch nicht erreicht hatten. Diese einfachen, von Pyramidendächern überdeckten Fach-werkgebäude gehen, ebenso wie die niedrigen, langge-streckten Wirtschaftsflügel und die quergelagerten Stal-lungen, auf den anhaltischen Baumeister Johann Tobias Schuchard zurück. Durch die zum Wassergraben und zur Stadt hin ehemals in Galerien geöffneten Querbauten wird die Anlage auf beiden Seiten abgeschlossen. Balu-

Schloß Oranienbaum.
Kupferstich aus Beckmanns »Historie des Fürstenthums Anhalt«, 1710

straden am Graben und am eigentlichen repräsentativen Wohnkomplex begrenzten den neu entstandenen, im Gegensatz zum heutigen Zustand gärtnerisch nicht gestalteten Wirtschaftshof. Nach dem Bauabschluß, spätestens 1708/09, war in Oranienbaum ein ländliches Schloßensemble entstanden, das nun zwar den Entwürfen Cornelis Ryckwaerts im Ganzen nicht mehr entsprach, aber als Gruppenbau, der ebenfalls holländischen Traditionen entspricht, ein bemerkenswertes Zeugnis der Schloßbaukunst des nördlichen Barock darstellt.

Im Inneren des heute durch eine Außenstelle des Staatsarchivs Magdeburg genutzten Hauptgebäudes ermöglicht eine doppelläufige schlichte Holztreppe den Zugang zu den einzelnen Geschossen. Besondere Bedeutung kam in der Planung Ryckwaerts der Kommunikation zwischen Innen- und Außenraum zu. Sie wurde neben den ursprünglichen Dachterrassen durch verschiedene Gartenzugänge, zwei Parkterrassen und nicht zuletzt durch einen dem Hauptsaal vorgelagerten Altan ermöglicht. Dieser Saal an der Gartenseite beeindruckt nach der Reduzierung der Ausstattung noch dank seiner klar gegliederten, im Detail kraftvollen Stukkatur. Es ist möglich, daß neben anderen einer der damals bedeutendsten Künstler auf diesem Gebiet, Giovanni Simonetti, an den Stuckarbeiten im Schloß beteiligt gewesen ist. Die Räume des Obergeschosses waren nicht mehr, wie in Zerbst und anderen zeitgenössischen Bauten, von einem Gang aus zu erreichen, sondern wurden nunmehr nach französischem Vorbild miteinander verbunden. Durch die bereits erwähnten Um- und Anbauten ergaben sich Veränderungen in der inneren Raumordnung, etwa durch Treppeneinzüge, aber auch an den Parkfronten der Flügel. Später wurden außerdem bei Veränderungen an den Seiten des Corps de logis die Zugänge zu den Parkterrassen, einer bei uns seltenen, auf holländischen Anregungen beruhenden Besonderheit, vermauert und die begrenzenden Balustraden beseitigt.

Zu den Verdiensten Ryckwaerts hinsichtlich der Entwicklung der deutschen Schloßarchitektur gehört der Gedanke, Repräsentationssäle in die Seitenflügel zu verlegen und damit den Mitteltrakt für Wohnzwecke zu gewinnen. So enthält der sogenannte Teesaal im Nordflügel eine reiche, im wesentlichen erhaltene Ausstattung:

Konsolwände für Fayencen an den Stirnseiten, selten anzutreffende barocke Ledertapeten aus Holland und wiederum Stuckdecken in schweren Formen. Hier haben wir einen Vorläufer der dann so beliebten Porzellankabinette vor uns. Eine weitere Kostbarkeit, einen kreuzgratgewölbten, mit Delfter Fliesen ausgestatteten Sommerspeisesaal, birgt das Souterrain. In die Wandflächen sind großformatige Fliesengemälde mit Darstellungen antiker Gottheiten eingefügt. Einen in ähnlicher Weise dekorierten Saal besitzt ebenfalls Schloß Caputh bei Potsdam. Wohl zum Originalbestand gehören auch Malereien exotischer Thematik im Hauptgebäude. Später, 1766/67, sind dann unter dem Fürsten Franz von Anhalt-Dessau anläßlich seiner Vermählung einige Räume mit bemalten, zumeist chinoisen Tapeten versehen worden. Es wäre möglich, daß Friedrich Wilhelm von Erdmannsdorff, der zur gleichen Zeit im Schloß Dessau arbeitete, bei der Neugestaltung mitwirkte. Die Tapete des Hauptsaales, in der sich barocke Elemente mit frühklassizistischen verbinden, befindet sich heute im Staatlichen Museum Schloß Mosigkau. 1789 hat Franz im Erdgeschoß noch zwei weitere Zimmer im chinesischen Stil umgestalten lassen.

Gleichzeitig mit dem Baubeginn des Schlosses entstanden die mannigfaltigen, von Hecken beziehungsweise Gitterwerk umgrenzten Gartenanlagen. Ihre acht Teile wurden später durch Bebauung reduziert. Trotz aller Veränderungen blieb in Oranienbaum eines der wenigen barocken Gartenkunstwerke unseres Landes erhalten, in dem der spannungsreiche Widerklang zwischen Schloßarchitektur und Park noch erlebbar ist. Wie das Gebäude, so weist auch die Gestaltung des regelmäßigen barocken Gartens durch Cornelis Ryckwaert auf starke holländische Einflüsse hin. Dies zeigt sich zunächst vor allem in der Betonung der Querachsen. Ihre Wirkung ist jedoch seit dem 20. Jahrhundert dadurch beeinträchtigt, daß mit der Verbreiterung der Waldschneise unmittelbar hinter dem Gartenparterre der Tiefenzug deutlich hervorgehoben wurde. Dieser Weg, heute mit prachtvollem Rhododendron bepflanzt, endet an einem Tor, auf das die kurz vor 1700 angelegte Dessauer Chaussee damals unmittelbar zuführte.

Ein Wassergraben, ebenfalls ein holländisches Ele-

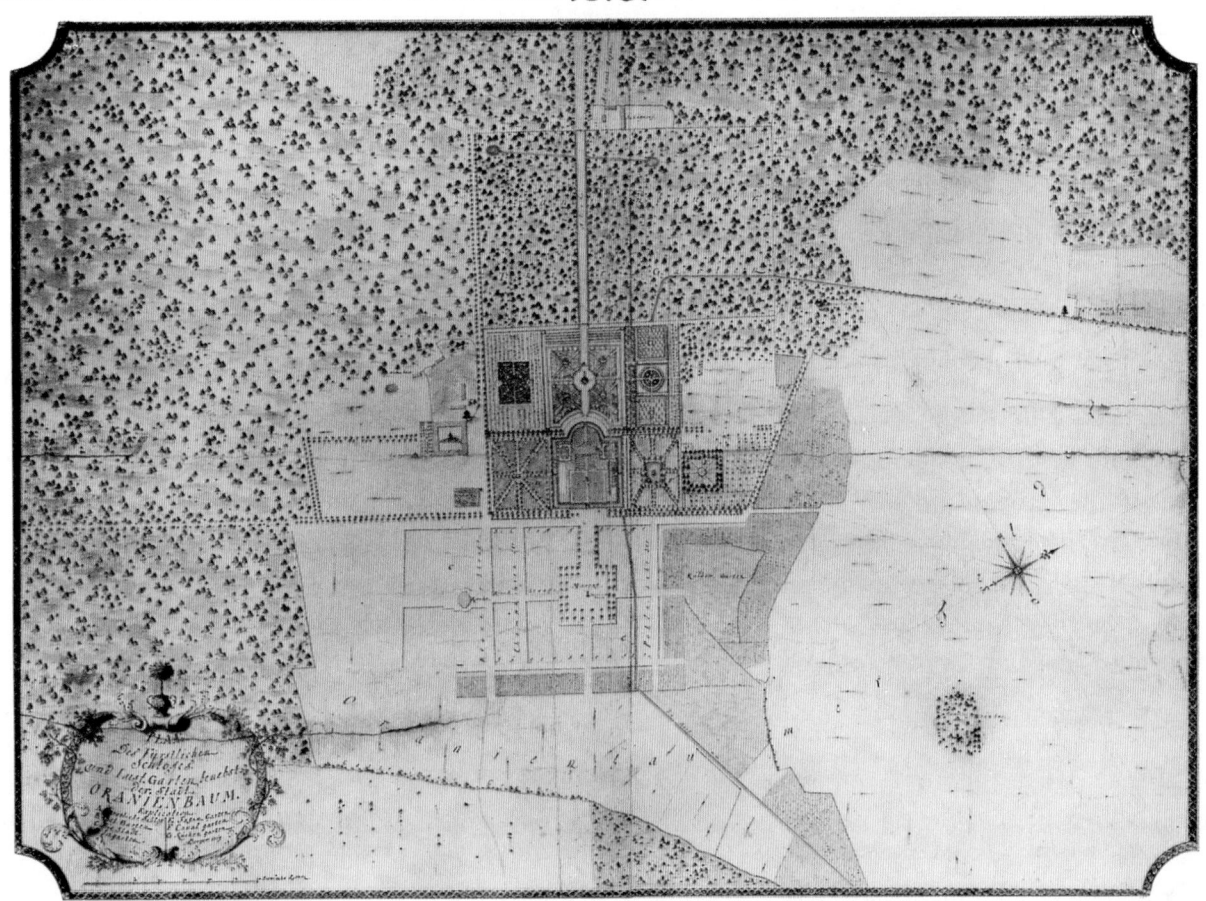

Oranienbaum.
Planzeichnung von A. Berger, 1719

ment, umschließt den ganzen Schloßkomplex und schwingt zum Gartenparterre hin bastionsartig aus. Die Zufahrt an der Stadtseite war nicht, wie bei französischen Anlagen, in der Mittelachse, sondern nur seitlich möglich. Aus zeitgenössischen Darstellungen ist ersichtlich, daß Baumalleen diese Zufahrt begleiteten und ebenso, wieder in der Querachse, auf die genannte Grabenausbuchtung am Garten zuführten. Diese Parkallee ist wiederhergestellt worden. Die Baumreihen begrenzten zu Seiten des Schlosses früher einen Kanal- und einen Küchengarten mit strahlenförmigen Wegen. An die beiden Terrassen des Corps de logis schließen rechteckige, von Hecken eingefaßte Gartenkabinette an. Im Vergleich mit holländischen Vorbildern besitzen sie nur geringe Ausmaße. Das hölzerne Gitterwerk und die zahlreichen Skulpturen, die in Nischen standen, fehlen seit langem. Von besonderer

Anmut dürfte die schmale Zieranlage am nördlichen Wirtschaftsflügel mit ihrem Wasserbecken und einer Marmorgrotte gewesen sein. Niedrige Orangen in Kübeln umgrenzten dort kleine Rasenflächen. Der Bestand an Orangen, die auch in Oranienbaum in gesonderten Gartenräumen aufgestellt wurden, war damals noch gering. Eine neue, nunmehr dritte Orangerie wurde 1812 bis 1818 am südlichen Parkrand errichtet. Dieses klassizistische, durch einen geschlossenen Mittelteil untergliederte Bauwerk Ignazio Pozzis weist die außergewöhnliche Länge von 175 Metern auf und beherrscht so in eindrucksvoller Weise das gesamte Straßenbild.

Eine Steinbrücke stellt die Verbindung zwischen Schloß und Parterregarten her. Mit seiner weiten Ausdehnung von 190 zu 140 Metern und den rahmenden Gehölzpflanzungen des ehemaligen, von sternförmigen Wegen durchzogenen Wildgeheges, den Bosketts, besitzt er in seiner Geschlossenheit immer noch eine eindrucksvolle Wirkung. Diagonalwege untergliederten die vier jetzt rasenbedeckten Parterreteile. In ihren quadratisch erweiterten Schnittpunkten stand jeweils eine Skulptur. Die Freiplastik, ein wesentliches Element, räumliche Wirkungen regelmäßiger Barockgärten zu steigern und zu akzentuieren, fehlt in Oranienbaum nunmehr fast völlig, auch die Delphinengruppe im Fontainenbecken des zentralen Rondells. Broderien, von Buchsbaum eingefaßte und mit farbigen Steinen ornamental gefüllte Flächen, gehörten ebenso zur Gestaltung wie die umrahmenden und gliedernden Taxuspyramiden.

An das Parterre schlossen sich links ein in seinen Formen völlig veränderter Irrgarten und rechts ein Inselgarten an. Nachdem der Park während des 18. Jahrhunderts ansonsten kaum Eingriffe erfahren hatte, wurden zwischen 1793 und 1797 der Inselgarten und ein Stück des angrenzenden Waldgebietes umgestaltet. Es entstand hier, in der Zeit des empfindsamen Landschaftsparkes

und nahe der epochemachenden Anlage in Wörlitz, der wohl erste chinoise-englische Garten Deutschlands — eine großartige gartenkünstlerische Schöpfung von bedeutendem Wert, die fast unverändert erhalten blieb. Bei der Neugestaltung nutzte der hauptsächlich in Wörlitz tätige Johann Christian Neumark das vorhandene Grabensystem, so daß die Regelmäßigkeit des vorangegangenen barocken Inselgartens noch sichtbar ist. Stellenweise wurden die Kanäle erweitert, malerisch ausgebuchtet und kleine, mit Findlingen belegte und locker bepflanzte Inseln in sie hineingebaut. Den Erdaushub nutzte man zur Geländemodellierung. Schlängelwege durchziehen das Terrain und münden in die Waldpartie ein, zierliche Brücken aus Eisen oder Stein überspannen die Kanäle. Derartige Brücken hatte bereits William Chambers für den Garten von Kew bei London entworfen. Auf den bedeutenden Gartenkünstler und Architekten geht auch das Vorbild für die Pagode zurück, die sich am Rande des Chinesischen Gartens auf einem eibenbepflanzten Hügel erhebt und von der Straße nach Wörlitz aus einen markanten Blickpunkt bildet. Chambers Bau

»Das Chinesische Haus zu Oranienbaum«.
Aquatinta von C. Haldenwang nach H. T. Wehle,
Chalcographische Gesellschaft Dessau, 1800

selbst war 1761/62 in Kew entstanden und direkt durch die siebengeschossige Lunghua-Pagode in Shanghai angeregt worden. Die Bewegtheit ihrer Gliederung erhält die Oranienbaumer Pagode durch geschwungene Dachformen und Formgitter aus weiß gestrichenen Backsteinen, ihre elegante Leichtigkeit durch die Verjüngung der fünf Stockwerke und den in einem Stab ausklingenden Abschluß. Sie wurde wohl vom fürstlichen Baudirektor Georg Christoph Hesekiel errichtet, ebenso das Teehaus, das einen weiteren architektonischen Akzent im Chinesischen Garten setzt. Die wohldurchdachte Einbettung des Teehauses in den Gartenraum erschließt sich am besten aus einer diagonalen Sicht, etwa vom erhöhten Ufer aus. Über wuchtigen Findlingspfeilern scheint das Gebäude aus dem Wasser herauszuwachsen. Gestaffelte Ziegeldächer und der Dachzierrat suchen dem Ganzen einen ost-asiatischen Charakter zu verleihen. Eine glückliche Idee ist die umlaufende Galerie, auf die man durch hohe Doppeltüren aus dem Inneren ins Freie hinaustreten konnte. Die drei Räume besaßen eine wertvolle chinoise Ausstattung: Die Vogeltapeten aus China, ähnlich denen im Schloß Wörlitz, gingen leider verloren, dagegen ist die ornamentale Tapete des hohen Mittelraumes noch vorhanden. Einen gewissen Eindruck von der ursprünglichen Einrichtung gewinnt man heute in den Museumsräumen des Schlosses Mosigkau, wohin einige Möbelstücke gelangten. — Mit dem Chinesischen Garten ist das umfangreiche Ensemble von Stadt, Schloß und Park Oranienbaum im wesentlichen abgeschlossen worden. Es war ein Gesamtkunstwerk entstanden, dessen Bedeutsamkeit besonderer Bemühungen um Erhaltung, Wiederherstellung und gesellschaftliche Nutzung wert ist.

Souterrainsaal im Schloß mit Delfter Fliesen

*

Chinoise Tapete aus dem Obergeschoß des Schlosses

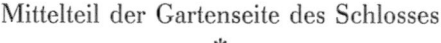

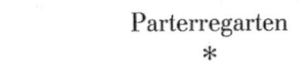

Brücke vom Chinesischen Garten zum Parterre

*

Teehaus im Chinesischen Garten

Mosigkau

In nur acht Kilometer Entfernung vom Stadtzentrum Dessaus liegen Schloß und Park Mosigkau. Das reizvolle Rokokoensemble erfreut sich heute großer Beliebtheit, zumal ja die Zahl ähnlich beeindruckender Anlagen durch die Zerstörungen des Zweiten Weltkrieges reduziert worden ist. Ein anderes in dieser Region und zu gleicher Zeit entstandenes Bauwerk, Schloß Dornburg an der Elbe, das jedoch nie vollendet worden war, wird heute durch die Staatliche Archivverwaltung der DDR genutzt. — Mosigkau ist lange Zeit wenig beachtet geblieben. Erst nach der Bodenreform 1945, der damit verbundenen Enteignung der Güter des »Hochadeligen Fräuleinstift zu Mosigkau« und der Umwandlung der Schloßanlage in eine Kulturstiftung änderte sich das. Zunächst wurden hier zeitweilig die Bestände der Dessauer Gemäldegalerie, deren Gebäude zerstört waren, untergebracht. Wenig später, 1951, konnte dann das heutige Staatliche Museum Schloß Mosigkau als »Gesellschaftsmuseum der Rokokozeit« gegründet werden. Nachdem auch die obere Etage dem Museum zur Verfügung stand, sind diese Räume zwischen 1964 und 1967 eingerichtet worden. Zahlreiche kostbare Möbel, Gemälde und andere Kunstwerke gelangten bei der Neugestaltung aus anderen Bauten, etwa aus Schloß Oranienbaum, und ebenso aus der Staatlichen Galerie Dessau nach Mosigkau. Schon zur Tradition geworden und alljährlicher Anziehungspunkt in den Sommermonaten sind die vor allem dem zeitgenössischen Kunsthandwerk gewidmeten Orangerie-Ausstellungen. Und auch die Konzerte mit namhaften Solisten und Ensembles stellen eine wesentliche Bereicherung des Dessauer Kulturlebens dar. Neue umfangreiche Aufgaben ergaben sich seit 1978 mit dem Aufbau von zentralen Restaurierungswerkstätten für den Nordteil des Bezirkes Halle in den Gebäuden des ehemaligen Stiftsgutes.

Die Geschichte der Mosigkauer Schloßanlagen beginnt im Jahre 1742: Fürst Leopold von Anhalt-Dessau kaufte eines der beiden Güter auf, die dort neben dem fürstlichen Vorwerk bestanden, und schenkte es seiner Tochter Anna Wilhelmine. Leopolds im Wesen dem Vater wohl sehr ähnliche Lieblingstochter war damals 27 Jahre alt und eine Heirat kaum in Aussicht. Als im Jahr darauf noch ein Teil des zweiten Gutes erworben werden konnte, wurde der Prinzessin ein Erbzinsbrief über den gesamten Besitz von nunmehr 128 Hektar ausgestellt und ihre wirtschaftliche Unabhängigkeit gesichert. Zu den jährlichen Einnahmen — etwa 750 Taler — kam noch die außergewöhnlich hohe Summe von 15 000 Talern, die der Fürst bei seinem Tode 1747 der Tochter als alljährliche Apanage hinterließ. Damit war ihr die Möglichkeit einer standesgemäßen, freizügigen Lebensführung und der Bau einer eigenen repräsentativen Sommerresidenz gegeben. Einige Jahre sollten jedoch noch vergehen, bis man 1752/53 mit den Arbeiten am Schloß begann. Kurz nach Beginn des Siebenjährigen Krieges, 1757, sind sie abgeschlossen worden.

Längere Zeit hat man angenommen, daß die Pläne für den Schloßbau von dem herausragenden preußischen Baumeister Georg Wenceslaus von Knobelsdorff geschaffen worden seien. Diese Vermutung lag nahe, da Knobelsdorff 1748 im Auftrage des nun regierenden Fürsten Leopold Maximilian, des Bruders der Prinzessin Anna Wilhelmine, Entwürfe zum Umbau des Dessauer Schlosses geliefert hatte. Obwohl Schloß Mosigkau Merkmale der architektonischen Gestaltungsweise dieses Baumeisters aufweist, etwa das Portalmotiv mit doppelten Säulen, Gebälk und plastischem Aufsatz, ist seine direkte Mitwirkung nach neuen Forschungen doch auszuschließen. Vielmehr dürfte die inspirierende Wirkung seiner Arbeiten hier wirksam gewesen sein.

Vielleicht durch veränderte Vorstellungen und Wünsche der Bauherrin bedingt, durchlief die Planung verschiedene Etappen, in denen der ursprüngliche Entwurf variiert und architektonisch ausgeformt wurde. Den letzten hat der fürstliche Baudirektor Christian Friedrich Damm geschaffen, und er war dann auch an der Ausführung hauptsächlich beteiligt. Damms Entwurf zeigt noch deutlicher als schließlich der Bau selbst nicht nur den Einfluß Knobelsdorffs, sondern ebenso die stilistische Verwandtschaft zu den vornehm-intimen Rokokopalais Longuelunes und Knöffels in Sachsen: eine ausgewogene Proportionierung des Baukörpers, die bewegte Gliederung der gewalmten Mansardendächer oder auch die gerundeten Ecken. Diese werden hier allerdings nicht von gliedernden Lisenen, schmalen vertikalen Mauerstreifen also, begleitet, treten jedoch an den Kavalierhäusern zu Seiten des Schlosses in Erscheinung. Daß Anna Wilhelmine beim Bau von Schloß Mosigkau verschiedentlich Kontakte zu Dresden unterhielt, geht aus den Stiftsakten deutlich hervor. So wurden Sandstein und Werksteine aus Pirna, Holz wiederholt aus Sachsen oder Böhmen bezogen, der Hofmarmorierer und Steinmetz J. E. Hebenstein fertigte die beiden Kamine des Bildersaales an, und für die Stukkaturen sind Kontrakte mit den Dresdnern Johann Carl Lindner und seinen italienischen Kompagnons Carlo und Benigno Bossi, die an wichtigen Bauten des dortigen Hofes beteiligt waren, geschlossen worden.

Vielleicht schon unter Anna Wilhelmine entstand die lange, vom Norden her auf das Schloß zuführende Allee, jedenfalls war sie von Beginn an im Projekt vorgesehen. Sie ist ein wichtiger Teil der plastisch-räumlichen Komposition der gesamten Anlage. Die Allee mündet in den Ehrenhof ein, der von hölzernem Gitterwerk anstelle des späteren Eisengitters begrenzt wurde. Der Blick steigt über die zurückgesetzten niedrigen Bauten und über die Kavalierpavillons zur Mitte des dreiflügeligen Schlosses auf. Hier fehlen dann allerdings seit langem die Dachgaupen und der gestalterische Höhepunkt, die Laterne — ein Point de vue, in den der Bewegungsdrang des ganzen Gebäudeensembles einmünden sollte. In dieser Abstufung drückt sich natürlich auch in Mosigkau die unterschiedliche Wertigkeit der Gebäudenutzung aus: Die Pavillons enthielten vor den Umbauten im Inneren

Schloßgarten Mosigkau.
Rekonstruktionsversuch von H. Sulze, 1952

Wohnräume für Hofdamen und Hofkavaliere, die Schloß- und die Lakaienküche, Lakaienkammern und eine Waschküche, die ursprünglich in Fachwerk aufgeführten Nebengebäude den Pferdestall, die Kastellanswohnung, eine Kutschenremise und den Backofen. Um die Zufahrt der Wagen zu ermöglichen, war der rasenbedeckte Ehrenhof ursprünglich wohl mit Kies belegt.

Schloß Mosigkau in seiner ländlich schlichten, doch anmutigen, durch die Portalumrahmung kraftvoll belebten Gestalt besitzt auf der Ehrenhofseite zwei gleichrangige Stockwerke. Kurze Flügel charakterisieren es als eine für das höfische Bauen dieser Zeit noch ganz typische Anlage über U-förmigem Grundriß. Die Gartenfassade reflektiert, trotz des einheitlichen Dachabschlusses, in gewisser Weise diese Grundrißstruktur: Die Flügelseiten springen ganz leicht vor; sie begrenzen den Mitteltrakt, der in voller Breite von einem Bildersaal eingenommen wird und höher als die anderen Räume ist. Entsprechend sind nun auch die Fenster gestaltet worden, unten als Fenstertüren, die der festlichen Galerie Helligkeit geben, oben dachgeschoßartig niedrig. Ein weiterer architektonischer Akzent wird durch den gerundeten Abschluß der Fenster gesetzt. Hier auf der Gartenseite wiederholt sich noch einmal das eindrucksvolle Portalmotiv mit dem von Nathanael Eppen geschaffenen Plastikschmuck, der das gewalmte, durch Luken gegliederte Mansardendach überschneidet.

Als Prinzessin Anna Wilhelmine 1780 gestorben war, wurde nach ihrem Willen das »Hochadelige Fräuleinstift zu Mosigkau« im Schloß eingerichtet. Der übereignete Grundbesitz bot zusammen mit verschiedenen Gütern die wirtschaftliche Grundlage zum Unterhalt unverheiratet gebliebener adeliger Damen. Seitdem ist die Ausstattung der Schloßräume vielfach verändert worden. Die südlichen, dem Garten zugewandten Räume blieben jedoch, von Renovierungen abgesehen, dem Wunsch der Bauherrin gemäß unangetastet. Eine hölzerne, erneuerte Treppenanlage, die allerdings die erwartete Leichtigkeit und Eleganz, von denen die noch original erhaltenen Räume geprägt sind, vermissen läßt, empfängt den Besucher im Inneren. Bei der Neueinrichtung hat man sich bemüht, die angrenzenden Räume ihrer ursprünglichen Funktion entsprechend mit wertvollen Möbeln, Gemäl-

den und anderen Kunstgegenständen vor allem des Rokoko auszustatten. So beherbergt der rechte Flügel im Untergeschoß ein Antichambre, also ein Vorzimmer, jeweils ein Zimmer für Hofkavaliere und Hofdamen, ein Audienz- und ein Wohnzimmer. Dort, wo es bereits möglich war, wurde die Raumfassung restauriert beziehungsweise rekonstruiert, im Speisesaal zum Beispiel wieder eine Wandbespannung mit barockem Charakter angebracht.

Die zahlreichen Gemälde, vielfach Bildnisse fürstlicher Persönlichkeiten aus Anhalt-Dessau und ihrer Verwandten, sind zum Teil Werke bedeutender Meister, die mit dem Land in Verbindung standen, etwa der preußischen Hofmaler Antoine Pesne und George Lisiewski. Zu den wertvollsten Ausstattungsstücken gehört ein Gobelin aus dem im Zweiten Weltkrieg ausgebrannten Dessauer Schloß, der nach einem Entwurf von Rubens um 1630/40 in Brüssel gewirkt worden ist. Im Französischen und im Sächsischen Zimmer sind die künstlerischen Beziehungen zu diesen Ländern dargestellt. Hier im Obergeschoß befindet sich auch das private Audienzzimmer der Prinzessin Anna Wilhelmine. Seine besonders repräsentative Wirkung erhält es durch die reiche, von Carlo und Benigno Bossi geschaffene Stukkatur der Decke. Mit Gemälden, die auf die verwandtschaftlichen Beziehungen des Fürstenhauses Anhalt-Dessau zu den Niederlanden hinweisen, wurde das Oranier-Zimmer ausgestattet. Sie stammen ursprünglich aus der Erbschaft der Oranierin Henriette Catharina. Nachdem die letzte Erbin, die Herzogin von Radziwill, 1756 gestorben war, erwarben Anna Wilhelmine und ihr Neffe Fürst Franz einen großen Teil des Bilderschatzes. Etliche dieser Gemälde und andere aus der oranischen Erbschaft, die im Dessauer Schloß verblieben waren, gelangten nun auch in den großen Gartensaal.

Der Gartensaal des Schlosses Mosigkau mit seinem Bilderschmuck auf den vertieften Feldern der Längswand und der beiden Stirnseiten ist eine besondere Kostbarkeit. Er gehört neben Sanssouci und Pommersfelden zu den wenigen deutschen, weitgehend noch original erhaltenen Schloßgalerien des Barock und Rokoko. Gemälde hervorragender flämischer und holländischer Meister aus dem 17. Jahrhundert, auch der französischen

Schule des 18. Jahrhunderts, sind hier zu finden, darunter Arbeiten der Rubens-Werkstatt und Jan Brueghels d. Ä., von Anthonis van Dyck, Jacob Jordaens, Hendrik Goltzius, Carel Dujardin, Jan Lievens, Daniel Mytens d. J., Gerard van Honthorst, Antoine Pesne sowie der Deutschen Johann Heinrich Roos und Philipp Peter Roos. Stuckmarmor in gelben Tönen umrahmt die Felder mit den Gemälden und bedeckt ebenso Türnischen und verspiegelte Fensterpfeiler. Seine grazile Heiterkeit erhält der Saal nicht zuletzt durch diesen lebhaften plastischen Dekor auf den Wänden und der zartgrünen Decke. Immer wieder werden die naturnah geformten Motive abgewandelt: Rocaillen, Blumen, Früchte, Palmen und Tiere. Auf das höfische Leben spielt die Darstellung von Musikinstrumenten und Jagdwaffen an; schließlich hat der Entwerfer mit Architektenwerkzeugen auf seine eigene Tätigkeit hingewiesen. Aus der Mitte dreier Stuckrosetten hängen schöne Kristallüster herab. Wandhohe Fenstertüren lassen helles Licht einfluten, stellen eine intime Korrespondenz zwischen Innenraum und Garten her und steigern so in glücklicher Weise die festliche Atmosphäre des Saales.

Nicht ohne besondere gestalterische Absicht sind dem Gartensaal Kabinette zugeordnet. Im Sinne der in Frankreich entwickelten und in Barockschlössern dann üblichen Enfilade wird bei geöffneten Türen der Durchblick durch eine Zimmerflucht ermöglicht, während ein Spiegel im Raum gegenüber den Saal illusionistisch erweitert. Dieses in zwei Ecken gerundete Intime Kabinett gehörte wie das ebenfalls vertäfelte Wohnzimmer nebenan zu den Privatgemächern der Prinzessin. Die Täfelung ist gelb gestrichen, im Kontrast zu diesem Farbton wurde die beschwingte Rokokoornamentik auf den Wänden, am Spiegel und auch am Mobiliar versilbert. Eine grünlichgraue Stuckmarmorverkleidung verleiht dem Musikkabinett einen stärker auf den Saal bezogenen Charakter. Auf die Bestimmung des Raumes beziehen sich auch die Stukkaturmotive. In ihrer Stilistik ähneln sie denen in der Galerie. Ihre heiter-bewegten, phantasievollen Formen weisen wie diese auf den starken Einfluß hin, der von den hervorragenden Arbeiten des vor allem in Preußen, aber auch im anhaltischen Zerbst tätigen Bildhauers Johann Michael Hoppenhaupt d. Ä. ausging.

Gleichzeitig mit dem Schloßbau entstanden die Pläne für den Rokokogarten in Mosigkau. Das Zierparterre, heute nur noch in seiner Grundrißform erhalten, muß eine aufwendige und überaus reizvolle Anlage gewesen sein. 1755 begannen unter der Leitung des »Kunst-, Lust- und Oraniengärtners« Christoph Friedrich Broße die Vorarbeiten zu seiner Gestaltung. Ein Rekonstruktionsversuch von Heinrich Sulze aus dem Jahre 1952 zeigt, wie das Parterre annähernd ausgesehen haben mag — oder aussehen sollte. Im Verlaufe der gärtnerischen Arbeiten kam es in manchen wichtigen Details zu Abweichungen vom ersten Entwurf. So ist der umlaufende Kanal, der ebenso wie die südliche Querachse und die Laubengänge in besonderem Maße auf die holländischen Traditionen der Gartenkunst in Anhalt-Dessau hinweist, nie ausgeführt worden. Im Ganzen folgt die Anlage jedoch nicht mehr dem holländisch orientierten Streben nach Weiträumigkeit, zumal durch Straßenführung und Grundstücksgrenzen Beschränkungen auferlegt waren. Sie ist in ihrer kleinteiligen Intimität französisch geprägt, entspricht den Gestaltungsprinzipien des damals richtungsweisenden Werkes »La Théorie et la Pratique du Jardinage« von d'Argenville.

Seitlich begrenzt wurde das Parterre durch Laubengänge aus Lattenwerk und Hainbuchenhecken. Diese lagen etwas erhöht in der Sockelhöhe des Schlosses. Rasenböschungen führten auf das Niveau des eigentlichen Zierparterres herab. Ein axialer Weg strebt heute noch auf den Gartensaal zu und erweitert sich dort zu einem kleinen gerundeten Vorplatz. Hier schlossen sich beiderseits Broderiegärten an, jene ornamentierten, mit farbigen Sanden ausgelegten und von Buchsbaum eingefaßten Anlagen, die einen vom Wandel der Jahreszeiten unabhängigen Schmuck versprachen. Blumenbepflanzt dagegen ist ein schmaler Streifen gewesen, der den Mittelweg zu beiden Seiten begleitete.

Rondells trennten das Broderieparterre von vertieften Rasenflächen, auf denen sich die Hofgesellschaft mit dem Boule-Spiel vergnügen konnte, oder die, vielleicht auch in Mosigkau, zum Aufstellen von Orangenkübeln dienten. Rasenstreifen umrahmten die einzelnen Parterreteile; Taxuspyramiden, geschnittene Bäume und Gartenplastiken setzten architektonisch gliedernde Akzente. Die schönste Mosigkauer Skulptur ist wohl der »Jugendliche Zeus«, eine Arbeit von Johann Christian Trothe aus Merseburg. 1951 konnte bei den Vorbereitungsarbeiten für eine Gartenrekonstruktion der Bestand an Plastiken durch Stücke aus dem Herrensitz Wust bei Premnitz ergänzt werden. Im Broderieteil am Schloß gab es ursprünglich noch Taxushecken, aus denen nach holländischem Vorbild geometrische Formen geschnitten waren. Für die Orangenbäumchen und andere wertvolle Kübelpflanzen hatte man am Südtor günstig gelegene Orangerien errichtet. Beide Fachwerkbauten sind später, 1842/43, umgebaut worden und beherrschen mit ihren schön gegliederten Fassaden das Straßenbild.

Kunstvolle Taxusmotive gehörten auch zum südlichen angrenzenden Gartenteil an einer Querachse, die auf das alte Gutshaus zuführte. Der kleine Teich und eine Kegelbahn sind der Rest dieser Anlage. Erhalten blieb das ebenfalls 1755 begonnene, wenngleich im 19. Jahrhundert vereinfachte Labyrinth auf der Gegenseite, ein beliebtes Gartenelement im Rokoko. Vielleicht wurde Anna Wilhelmine durch den im 18. Jahrhundert recht bekannten und noch heute vorhandenen Irrgarten im nahen Altjeßnitz bei Raguhn angeregt, in Mosigkau ebenfalls solch eine spielerische Anlage errichten zu lassen. Als das alte Gutshaus 1774 abgerissen wurde, ließ Anna Wilhelmine das Gartenstück in seiner Nähe völlig neu gestalten. Inzwischen war eine neue Epoche der Gartenkunst angebrochen — die stärksten Anregungen gingen ja von dem zehn Jahre zuvor begonnenen Landschaftspark Wörlitz aus. Die Prinzessin jedoch vermochte sich nicht von den künstlerischen Auffassungen ihrer Jugend, aus der geistigen Welt des feudalen Rokoko zu lösen. So entstand hier noch einmal ein regelmäßiger Heckengarten mit einem Teehaus als architektonischem Zentrum. Damit besaß nun Mosigkau ebenfalls ein Bauwerk der um die Mitte des 18. Jahrhunderts beliebten Chinamode. Es ist ein achteckiger, ländlich schlichter Bau. Palmstämme gliedern das Äußere; auf dem Dach stand, ähnlich wie bei dem weitaus repräsentativeren Gebäude in Potsdam-Sanssouci, die Figur eines Chinesen mit Schirm.

Ebenso wie der Irrgarten ging das benachbarte Heckentheater auf George Friedrich Brätsch zurück, der die Nachfolge des inzwischen verstorbenen Gärtners Broße angetreten hatte. Der heute nicht mehr existierende »Comedienplatz« folgte als einer der letzten seiner Art jenem Typ des Gartentheaters, der in Herrenhausen entwickelt worden war, besaß aber nur die geringe Ausdehnung von 25 Metern. Begrenzt wurde das ganze neue Ensemble durch ein malerisches, wenngleich räumlich recht beschränktes Gartenbild, den kaum zwei Meter hohen, langgestreckten und dicht mit Tannen und Pappeln bepflanzten »Englischen Berg«. Das leise Plätschern eines kleinen Brunnens, ein auf eine Holztafel gemalter Eremit erweckten romantische, weltschmerzliche Gefühle. — Empfindsam, wie es der Zeit entsprach, hatte die inzwischen sechzigjährige Prinzessin nun doch von der neuen englischen Gartenkunst Kenntnis genommen.

Noch in seinen letzten Dienstjahren hat G. Fr. Brätsch nordöstlich des Schloßkomplexes den 1784 erstmals erwähnten Stiftsfriedhof angelegt. Gräben und Hecken umgrenzten die baumbepflanzte rechteckige Fläche. Die schlichten Gräber mit ihren einheitlichen Kreuzen künden von dem weiteren Schicksal Mosigkaus als Hochadeliges Fräuleinstift, nachdem Anna Wilhelmine 1780 gestorben war. Unter den Äbtissinnen des Stiftes ist Annette von Glaffey zweifellos die interessanteste, eine von den bürgerlichen Ideen der ersten Hälfte des 19. Jahrhunderts geprägte Persönlichkeit gewesen. Nicht nur, daß sie aus ökonomischen Gründen eine Vielzahl von Obstbäumen im Garten pflanzen und zur gewinnversprechenden Beschäftigung der Stiftsdamen im Schloß eine Seidenraupenzucht anlegen ließ — als sich die Mosigkauer Bauern in den dreißiger Jahren gegen eine Steuer für den Tabakanbau empörten, trat sie auf ihre Seite, bemühte sich in sozialem Verantwortungsbewußtsein um Unterstützung für Hilfsbedürftige. Im März des Revolutionsjahres 1848 überreichte sie der Dorfgemeinde auf dem Hof des Schlosses eine von ihr und den Stiftsdamen gestickte schwarz-rot-goldene Fahne. Zwei Schwadronen Magdeburger Ulanen bereiteten den Ansätzen zu einer bürgerlichen Revolution jedoch bald ein jähes Ende. Annette von Glaffey nahm am geistigen Leben ihrer Zeit regen Anteil; sie unterhielt einen Briefwechsel mit Goethe, und der damals sehr bekannte Dichter Friedrich von Matthisson widmete ihr sein — von Beethoven vertontes — Gedicht »Adelaide«.

Mit dem Tode der Prinzessin Anna Wilhelmine war die eigentliche Blütezeit Mosigkaus, jenes reizvollen Ausläufers des höfischen Rokoko, zu Ende gegangen. Zwar bemühten sich verdienstvolle Gärtner um die Pflege der Anlagen und der heute noch kostbaren Orangeriebestände, doch ständiger Geldmangel ließ den ursprünglichen Charakter in vielen Teilen vergehen. Und es kann nicht verwundern, daß auch die moderne landschaftliche Gartengestaltung deutliche Spuren hinterließ. Heute nun, da Mosigkau vielen Menschen als wertvolles Kulturdenkmal erschlossen ist, viel bereits für die Erhaltung der Bauten, für die Pflege der Kunstwerke getan wurde, reifen Pläne heran, den Garten in seiner einstigen Schönheit wiedererstehen zu lassen.

Gobelinzimmer mit Brüsseler Gobelin nach einem Entwurf von Rubens
*
Holländischer Barockschrank im Schloßmuseum

Vase im Garten
*
Sandsteinskulptur eines Jugendlichen Zeus im Ehrenhof

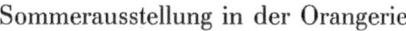

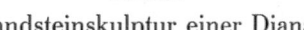

Das Gartenreich

Im Jahre 1758 übernahm Fürst Leopold III. Friedrich Franz die Herrschaft in Anhalt-Dessau. Bereits im Alter von zwölf Jahren war er, wie seine Vorfahren, in preußischen Militärdienst getreten. Nach Auseinandersetzungen mit König Friedrich II., als dessen Ordonnanzoffizier, nahm er seinen Abschied, wollte ursprünglich mit der bürgerlichen Geliebten nach England fliehen, wurde jedoch vom Preußenkönig gezwungen, seine Aufgabe wahrzunehmen. Friedrich veranlaßte dann 1767 auch die Heirat mit Luise, einer Prinzessin von Brandenburg-Schwedt. Es war ein Glücksfall für den jugendlichen Fürsten und seine gesamte spätere Regierungspraxis in Anhalt-Dessau, daß er 1756 Bekanntschaft mit dem vier Jahre älteren Friedrich Wilhelm von Erdmannsdorff schloß. Erdmannsdorff ist 1736 als Sohn des Königlich Polnischen und Kursächsischen Oberschenks und Hausmarschalls geboren worden. Er erhielt eine gediegene Ausbildung, unter anderem an der Ritterakademie in Dresden und an der Universität zu Wittenberg. Zeitlebens war er in Anhalt-Dessau tätig, ohne jedoch ein Hofamt zu bekleiden. 1761 bis 1763 führte ihn eine erste Bildungsreise nach Venedig, Bologna und Florenz. Italien blieb das Land seiner Sehnsucht, das er später noch dreimal wiedersah.

Kaum zurückgekehrt, begleitete Erdmannsdorff den Fürsten Franz ab 1763 auf einer einjährigen Reise, die über Holland nach England führte. In Holland interessierte der Deichbau — wichtig für die Verbesserung der Schutzmaßnahmen im Überschwemmungsgebiet der Elbe in der Heimat. England aber wurde das große, lange wirkende Erlebnis; man empfand es als Musterland aufgeklärter Verhältnisse, dem es in vielem nachzustreben galt. Ein »Gefühl echter Menschenwürde«, wie August Rode in seiner Erdmannsdorff-Biographie schrieb, umfing die Reisenden, besaß doch England seit der bürgerlichen Revolution von 1648 bis 1688 die demokratischste Verfassung in Europa. Doch nicht allein dem Staatswesen, der Verwaltung und der hohen bürgerlich-aristokratischen Kultur galt die Aufmerksamkeit, sondern gleichermaßen den modernen Methoden der Landwirtschaft, dem Gartenbau und der industriellen Entwicklung. Spätere Reisen sollten all diese Erfahrungen vertiefen und erweitern. Die großartige Schöpfung des Gartenreiches Anhalt-Dessau in ihrer wohlgeordneten Einheit von Ökonomie und Kunst wäre ohne die englischen Anregungen nicht möglich gewesen, ebensowenig manche andere praktische Maßnahme zur Hebung der Wohlfahrt des Landes.

Gar nicht zu überschätzen für die Herausbildung der Architekturauffassungen Erdmannsdorffs war die Begegnung mit der zeitgenössischen Baukunst in England, und das betrifft auch die Prinzipien der Innenraumgestaltung und -ausstattung. Als ein unmittelbarer Reflex dieser prägenden Eindrücke kann ein erster kleiner Bau in Wörlitz gelten, der Englische Sitz von 1765. Erdmannsdorff hat etliche der neueren Landhäuser der Aristokratie kennengelernt; starke Anregungen gingen insbesondere von den Bauten der Brüder Robert und James Adam und William Chambers aus, sicher auch von Henry Holland. Die maßvolle Strenge und harmonische Klarheit dieses Klassizismus beruhte auf palladianischen Traditionen, die in England besonders stark gewesen sind. Auch die holländisch orientierten Barockbauten Anhalt-Dessaus, in Oranienbaum und der Landeshauptstadt, waren ja letztlich dem Schaffen Andrea Palladios verpflichtet. Bereits Palladio hatte sich im 16. Jahrhundert auf den klassischen Formenkanon des antiken Architekturtheoretikers Vitruv bezogen. Das taten ebenso die englischen Palladianisten und schließlich Friedrich Wilhelm von Erdmannsdorff selbst, der die »Zehn Bücher über Architektur« des Vitruv aus dem ersten Jahrhundert u. Z. zu übersetzen begann, ein umfangreiches Unterfangen, dessen Realisierung dem Freund August Rode zu verdanken ist. Immer wieder hat es Erdmannsdorff zu den Quellen, zur Anschauung der verehrten Vorbilder in Italien gezogen.

Überraschend und von tiefer Wirkung muß der Eindruck der englischen Landschaftsgärten gewesen sein. Die ersten sind schon nach 1730 in Claremont, in Esher bei London und in Stowe von William Kent angelegt worden. Zuvor bereits waren, im Zusammenhang mit der zwangsweisen Vertreibung der Bauern durch die Grundherren und der Einführung einer massenhaften Schafzucht auf kapitalistischer Grundlage, weiträumige, parkähnliche Weidelandschaften entstanden. Auch in der Folge wurde bei der Anlage von Landschaftsgärten die ökonomische Nutzung beibehalten und dabei die umgebende Landschaft einbezogen. Bei solchen frühen »ornamentel farms«, Zierfarmen also, orientierte man sich an der Malerei des 17. Jahrhunderts, insbesondere an den eine arkadische Harmonie von Mensch und Natur beschwörenden Ideallandschaften Claude Lorrains. Unter diesem Eindruck und dem der antiken und der zeitgenössischen englischen Naturdichtung gestalteten die Landschaftsgärtner malerische, dreidimensionale Bilder, die im Begehen oder im Durchfahren der Gewässer zu erschließen sind. Solchen Gedanken entsprechend verlor die Architektur ihre bisher dominierende, zentrale Stellung, die sie in regelmäßigen Barockanlagen eingenommen hatte. Sie wurde eingefügt in das Gartenkunstwerk und Teil von ihm, wurde Gestaltungselement, Staffage, vermittelte Stimmungen und mannigfaltige, oft historische, Assoziationen. Die Architektur konnte sich deshalb, mitunter nur als Scheinfassade, in die Gestalt verschiedenartiger Stilformen kleiden, in antikisierend-klassizistische, gotische, chinesische oder orientalische. Ein damals sehr bekannter Fachmann, der Deutsche Cajus Laurus Hirschfeld, untergliederte in seinem fünfbändigen Werk »Theorie der Gartenkunst« die Landschaftsgärten nach vielerlei, manchmal etwas schematisierenden Gesichtspunkten, etwa nach sozialer Stellung des Auftraggebers und Funktion, nach der Lage, Stimmungswerten und nach Jahres- und Tageszeiten.

Der Landschaftsgarten ist ein sinnerfülltes Phänomen, ist Bedeutungsträger, Spiegel gesellschaftlich-ideologischer Entwicklungen gewesen — bis hin zu unmittelbar aktuellen Aussagen, waren doch die ersten Anlagen im Auftrag liberal gesonnener Männer entstanden, die gegen Korruption, Machtmißbrauch und die Aushöhlung demokratischer Verhältnisse unter den Königen Georg I. und Georg II. auftraten. Im Garten zu Stowe, der neben Stourhead für Wörlitz besonders vorbildlich werden sollte, ist das sehr deutlich: Das Griechische Tal mit einem Tempel versinnbildlicht das Ursprungsland von Demokratie und Freiheit, der Chinesische Tempel weist auf ein Land hin, in dem, wie man idealisierend meinte, Natur und Toleranz liberale Gesellschaftsverhältnisse geprägt hätten, ein Gotischer Tempel verbindet erstmals, als in Deutschland das »Gotische« in seiner vermeintlichen Ungestalt noch abgelehnt wurde, den Freiheitsgedanken mit der Verherrlichung der nationalen Geschichte, und im Ehrentempel der Edlen Briten mit seinen Büsten hervorragender Persönlichkeiten wird der aktuell-politische Bezug besonders deutlich. Hatte die Aufklärung ihre Naturauffassung mit der Freiheitsidee verbunden, das Recht der Freiheit aus dem Naturrecht abgeleitet, so widerspiegelte und propagierte die Gartenkunst das mit ihren Mitteln. Dem Dichter Alexander Pope und vielen anderen galt die Beschneidung der Pflanze als Gleichnis für die gezwungene höfische Etikette, der sich frei entfaltende Baum dagegen als Sinnbild der freien, natürlichen Entfaltungsmöglichkeit des Menschen. Jean-Jacques Rousseau, einer der ideologischen Wegbereiter der bürgerlichen Französischen Revolution von 1789, formulierte unter dem Gesichtspunkt der Erziehung ganz ähnliche Gedanken. Und der englische Gartentheoretiker William Mason empfand den gewundenen Weg im Landschaftsgarten als ein »Emblem konstituioneller Freiheit«.

Bereits im Jahre 1765 traten die Dessauer eine zweite ausgedehnte Studienreise, nunmehr nach Italien, an. Neben Franz und Erdmannsdorff gehörten zur Reisegruppe Persönlichkeiten, von denen wesentliche Anregungen für die Entwicklung des kulturellen Lebens in Anhalt-Dessau zu erhoffen waren: Prinz Johann Georg, jüngerer Bruder des Fürsten, der Prinzenerzieher Georg Heinrich von Berenhorst, der Bildhauer Johann Christian Ehrlich, Friedrich Wilhelm Rust, Komponist und Begründer des Dessauer Musiklebens, und der Flötenvirtuose Georg

Wilhelm Kottowsky. Über Süddeutschland und Tirol führte die Reise unter anderem über Vicenza, wo die Bauten Palladios sie mit Bewunderung erfüllten, nach dem bezaubernden Venedig. Schließlich langte man im Dezember in Rom an und suchte sogleich die Bekanntschaft Johann Joachim Winckelmanns. Der Begründer der klassischen Archäologie und neueren Kunstwissenschaft, seit zwei Jahren »Oberaufseher aller Altertümer in und um Rom«, stand damals auf der Höhe seines Ruhmes, und sein Hauptwerk »Geschichte der Kunst des Altertums« war im Jahre zuvor erschienen. Während des mehrmonatigen Zusammenseins vermittelte er den Dessauern tiefe Kenntnisse der antiken Kunst. Es entwickelte sich ein freundschaftliches Vertrauensverhältnis, insbesondere zu Franz, das bis zu Winckelmanns Ermordung 1768 auf einer Reise, die ursprünglich auch dem Besuch Anhalt-Dessaus gegolten hatte, währen sollte.

»Die Heideburg unweit Dessau auf der Straße nach Leipzig«.
Aquatinta von C. Haldenwang,
Chalcographische Gesellschaft Dessau, 1799

Hielt Winckelmann die Plastik für die bedeutsamste der Künste, so galt Erdmannsdorffs Interesse doch vorwiegend der Architektur. In dem vorzüglichen Ruinenmaler Charles-Louis Clérisseau fand er einen Lehrer, bei dem er sich, wie übrigens die Engländer W. Chambers, R. und J. Adam sowie der Architekt und spätere dritte amerikanische Präsident Th. Jefferson, im Zeichnen ausbilden lassen konnte. Etliche Gouachegemälde Clérisseaus wurden später zur Ausstattung der Villa Hamilton in Wörlitz erworben. Ein von ihm illustriertes Buch der Brüder Adam über die Ruinen des Palastes von Spalato befand sich zusammen mit zahlreichen anderen, Erdmannsdorffs Schaffen inspirierenden Abbildungswerken über antike und englische Bauten in dessen umfangreicher Bibliothek. Eine Bekanntschaft mit Bartolomeo Cavaceppi, dem geschätzten Bildhauer, der auch antike Skulpturen restaurierte, kopierte und mit ihnen handelte, sollte sich ebenfalls als sehr fruchtbringend erweisen. So geht auf ihn ein beträchtlicher Teil der Wörlitzer Antikensammlung zurück.

Abstecherreisen in Mittelitalien steigerten die Begei-

sterung für die Antike. Man sah unter anderem Tivoli mit den berühmten Wasserfällen und dem schönen Rundtempel und die weiträumigen Anlagen der Hadriansvilla, die Gegend am Golf von Neapel und den Vesuv — Eindrücke, die dann unter anderem im Venustempel beziehungsweise auf der Insel Stein in Wörlitz nachgestaltet wurden. Ein Höhepunkt der Unternehmungen war die Besichtigung von Ausgrabungen der durch den Vesuvausbruch des Jahres 79 verschütteten Städte Herculaneum und Pompeji. Die dort zutagegetretenen Malereien ermöglichten eine unmittelbare Anschauung des Reichtums antiker Wandgestaltung. »In den geringsten ihrer Ornamente welche Leichtigkeit, welch eleganter Schwung«, berichtete Erdmannsdorff, und so wird verständlich, daß er in der überaus klangvoll-subtilen Innendekoration seiner Bauten neben den Groteskenmalereien Raffaels in den Loggien des Vatikan immer wieder auf diese Motive zurückgriff. Bezeichnend für sein Selbstverständnis, für seine Aufgabe als Architekt in einer Epoche, da das Rokoko in der höfischen Baukunst Deutschlands seinen Höhepunkt erreicht hatte, ist eine Äußerung nach einem späteren Besuch Pompejis: »Das sind kleine Häuser, die mir recht Appetit machten, so was in dem Sinne zu bauen, mit Rücksicht auf unser Clima und unsere Sitten und so, wie sie einem mittleren Bürger oder Landmann angemessen seyn könnten.«

Mit wachen Sinnen sahen die Reisenden nicht allein die Schönheiten des Landes und die erhabenen Überreste der verehrten Antike, sondern sie vermerkten zugleich kritisch das überlebte Zeremoniell und die Hohlheit des Lebens an den Höfen, die Armut und das Elend in der Bevölkerung. Die Rückreise, während der sich die Reisegesellschaft zeitweilig teilte, erfolgte über Südfrankreich und Paris, dehnte sich dann auf den britischen Inseln für Erdmannsdorff und Franz zu einem halbjährigen erneuten Aufenthalt aus. Mehrmals trafen sie, bereits in Italien, mit dem berühmten englischen Schriftsteller Lawrence Sterne zusammen. Dessen kurz darauf erschienener Roman »Sentimental Journey« wurde zum literarischen Hauptwerk der Empfindsamkeit, einer rasch um sich greifenden Geistesströmung, denen manche Partien und Baulichkeiten auch in den nun entstehenden Landschaftsgärten Anhalt-Dessaus verpflichtet sind.

Im Frühjahr 1767 waren Fürst Franz und Erdmannsdorff nach Anhalt-Dessau zurückgekehrt. Die gewonnenen Kenntnisse und Erfahrungen begannen Früchte zu tragen. Mit Tatkraft und im Optimismus ihrer aufgeklärten Gesinnung gingen sie und ihre Mitstreiter daran, für das Wohl des Landes, das Glück der Menschen zu wirken. Nach Franz' Austritt aus der preußischen Armee 1758 und bis zum Ende des Siebenjährigen Krieges 1763 hatte auf dem Land eine Million Taler Kriegssteuer gelegen. Durch den Verkauf persönlichen Besitzes milderte der Fürst — bezeichnend für sein früh ausgeprägtes soziales Verantwortungsbewußtsein — die Belastung für die Bevölkerung. Gleichzeitig und dann später nochmals verzichtete er auf bestimmte Steuereinnahmen mit dem Ziel, die Armenpflege anzuregen und das Wirtschaftsleben zu aktivieren. Als besonders unwürdig, das bürgerliche Leben behindernd und die Staatsautorität beeinträchtigend wurden die vielen Bettler und Vagabunden auf den Straßen empfunden. Durch verschiedene Maßnahmen und Verordnungen suchte das Landesoberhaupt diesen traurigen Auswirkungen des Massenelends zu begegnen und, in der Erkenntnis der Ursachen, den Beschäftigungslosen Arbeit, den Jugendlichen Ausbildung zu geben. Die Einrichtung einer öffentlichen Spinnerei »zum Besten der Armen« diente dem gleichen Ziel, ebenso das dann während der Notzeit der napoleonischen Kriege 1813 geschaffene Arbeitsbeschaffungsamt.

Schon in den durch Hochwasserkatastrophen verursachten Hungerjahren ab 1770 hatte sich das System der Armenpflege zu bewähren. Hilfsbedürftige in großer Zahl waren damals gegen Entlohnung bei Arbeiten an beschädigten Bauten und Gärten, an Brücken und Wällen eingesetzt. In den folgenden Jahren sind die Hochwasserschutzanlagen systematisch ausgebaut worden: Zur Befestigung und um das Eis bei Winterhochwasser zu brechen wurden Eichen an den Wällen gepflanzt, und längs des Elbdeiches entstanden Wachhäuser, zumeist nahe den Durchstichen zum Überflutungsgebiet mit seinen eindrucksvoll weiten, eichenbestandenen Wiesen und Auenwäldern. Manche dienen heute noch der Unterbringung von Geräten und Materialien. Bei Gefahrensituationen konnten hier außerdem Wachmannschaften übernachten. Die Entwürfe für diese kleinen, in ihrer Ge-

TOD IST NICHT TOD
IST NUR VEREDLUNG STERBLICHER NATUR

»Portal des neuen Gottesackers zu Dessau«.
Radierung von C. F. Wiegand

stalt jeweils unterschiedlichen und mitunter als Garten-
kulissen wirkenden Zweckbauten stammen von Erdmannsdorff und wohl auch von Baumeistern, die durch
ihn angeleitet oder angeregt wurden. So gibt es klassizistische Gebäude wie das Rote Wachhaus und das Wachhaus Mittelhölzer in Wörlitz, den zwischen Vockerode
und dem Garten Sieglitzer Berg gelegenen Dianentempel, den historische Assoziationen erweckenden Limesturm oder das mit Raseneisenstein belegte romantisierende Rauhe Wachhaus an einem auf Wörlitz zuführen-
den, mit Flieder- und Goldregenbüschen bepflanzten
Wallweg.

Im Zusammenhang mit den zuvor genannten sozialen
Maßnahmen war bereits ab 1766 beim Ausbau der repräsentativen Franzstraße in der Landeshauptstadt ein

Armen- und Arbeitshaus entstanden, neben dem Englischen Sitz im Wörlitzer Garten der früheste Auftrag, der
an Erdmannsdorff erging. In den folgenden Jahrzehnten
hat Erdmannsdorff zahlreiche Bauwerke in Dessau geschaffen und den Stil des Frühklassizismus weiter ausge-
prägt. Noch einmal, in unserem Jahrhundert, sollten mit
der Errichtung des Bauhauses ähnlich vorwärtsweisende
Impulse von Dessau ausgehen. Der Gebäudekomplex
des Armen- und Arbeitshauses ist heute nicht mehr vorhanden, und leider betrifft das auch die meisten anderen
Schöpfungen Erdmannsdorffs in der Stadt — etwa die
1767/68 ausgestalteten Räume im Schloß, den Lustgar-
ten in der Gestalt einer antiken Rennbahn mit zwei abschließenden Pavillons, die flankierenden Torhäuschen
an der Muldebrücke, das bereits im 19. Jahrhundert
durch den klassizistischen Baumeister Ignazio Pozzi veränderte Theater — ein Zentrum des aufblühenden Thea-
ter- und Musiklebens in der Residenzstadt —, verschie-

Drehberg bei Wörlitz.
Aquarellierte Zeichnung von F. le Bert de Bar, 1786

dene Wohnbauten, die Marställe, das in seiner Fassade reich gegliederte Hofstallmeistergebäude, eine Reitbahn, die Orangerie und die Hauptwache.

Einen gewissen Eindruck von der gediegenen, ausgewogenen Gestaltung der klassizistischen Gebäude Erdmannsdorffs in Dessau vermittelt die im Zweiten Weltkrieg beschädigte, aber erhaltengebliebene Fassade des Kristallpalastes und das ehemalige Palais des Grafen Waldersee. Die spätere Gaststätte Kristallpalast war 1795/97 im Auftrag des Fürsten Franz als Palais für den Reisemarschall Branconi errichtet worden. Fassadenbeherrschend erstrecken sich kanellierte Pilaster über die gesamte Höhe des risalitartigen Mittelteils, oben ehemals von einem Dreieckgiebel mit Sandsteinvasen zusammengefaßt. Dieses architektonische Motiv ist eine in die Fläche projizierte Wiederholung von Säulenhallen, wie sie an Erdmannsdorff-Bauten, etwa dem Schloß und dem Verwaltergebäude der früheren Domäne in Wörlitz, vor-

kommen. In den zwanziger Jahren unseres Jahrhunderts waren allerdings schon die Fenstersohlbänke gesenkt worden, so daß Aufrißstruktur und Proportionierung beeinträchtigt wurden. Wiedererrichtet ist die Fassade des zwischen 1792 und 1795 entstandenen Palais des Grafen Waldersee am Markt. Heute wird das Gebäude durch die Stadtbibliothek und die Abteilung Kultur des Rates der Stadt genutzt. Erdmannsdorff hat die drei Geschosse dieses klar gegliederten, elfachsigen Putzbaus durch Gesimsbänder voneinander abgesetzt. Der nur leicht vorspringende Mittelrisalit vor dem flach geneigten Dach, Quaderungen an den Gebäudeecken und die unterschiedliche Formung der Fenster und Fensterumrahmungen in den einzelnen Stockwerken bewirken eine Belebung des Aufrisses. Insgesamt ist hier noch etwas von der Bautradition des holländischen Barock in Dessau spürbar.

An Erdmannsdorffs Bauweise erinnert deutlich ein kleiner, gegen Ende des 18. Jahrhunderts als Blumenhaus errichteter Pavillon am Stadtgarten, des damaligen Gartens am Palais des Fürsten Eugen von Anhalt. Er ist jetzt Teil einer Gaststätte für die Besucher des schönen, zentral gelegenen Parkes, der an einer Seite durch Überreste der Stadtmauer von 1712 begrenzt wird. Die wertvolle Bronzeplastik eines Kentauren von Reinhold Begas, Hauptvertreter der neubarocken Bildhauerkunst in Deutschland, hat nach dem Kriege am Haupteingang einen wirkungsvollen Standort gefunden. Bei der Neugestaltung der Anlage wurden eine Gedenkstätte für die Opfer des Faschismus errichtet, Denkmäler bedeutender Dessauer Persönlichkeiten hierher versetzt und durch neue Kunstwerke weitere Akzente geschaffen.

Besonderes Interesse verdient der 1787 von Erdmannsdorff geschaffene Stadtgottesacker, der erste kommunale Friedhof in Deutschland. Aus Gründen der Hygiene, der man damals als Grundlage des bis hin zur allgemeinen Pockenschutzimpfung stark geförderten Medizinalwesens Beachtung schenkte, wurde er außerhalb des Stadtzentrums angelegt. Gleichzeitig schloß man die alten Friedhöfe an den Kirchen. Dieser vielbeachtete Friedhof, in dem sich für Hölderlin »Menschlichkeit und Schönheit« verbanden und von dem Goethe in den »Wahlverwandtschaften« Zeugnis gibt, ist zum Symbol der gesellschaftlichen Veränderungen am Beginn eines bürgerlichen Zeitalters geworden. Angeregt durch oberitalienische Camposanti und Begräbnisstätten der Herrnhuter christlichen Gemeinden entstand hier für alle Konfessionen — außer der jüdischen — eine abgeschlossene quadratische Anlage. Die von Akazienbäumen eingefaßten, mit Gras oder Klee bestellten und bewirtschafteten Flächen zwischen zwei sich kreuzenden Hauptwegen sind nach und nach mit Grabstellen belegt worden. Ein Blumenbeet in der Mitte bezeichnete die Stelle des für den Fürsten Franz bestimmten Begräbnisses. Da der Erbprinz Friedrich jedoch vor ihm starb, ist dieser hier 1814 beigesetzt worden. Franz selbst und seine Gemahlin Luise liegen im Turm der Jonitzer Kirche begraben. Dem Gedanken der Gleichheit im Tode entsprechend wurden keine Grabsteine gesetzt, wohlhabenden Dessauer Bürgern jedoch insofern Zugeständnisse gemacht, als sie Grüfte in der Umfassungsmauer erwerben konnten. Hier befindet sich auch die Grabstätte Friedrich Wilhelm von Erdmannsdorffs; die Inschrift auf der schlichten Tafel hat sein Freund August Rode verfaßt. »Tod ist

nicht Tod, ist nur Veredlung sterblicher Natur«, so ist am Eingangstor zum Friedhof, auf dem jedes Kreuzeszeichen fehlt, zu lesen. Die Nischen des durch ein englisches Vorlagewerk angeregten und in der Art römischer Triumphtore gestalteten Portals nehmen Figuren der Zwillingsbrüder Schlaf und Tod auf, über dem Eingangsbogen stützt sich die Hoffnung auf das Symbol des Ankers. — Der Tod galt den Menschen der Aufklärung nun als ein natürlicher Teil des Lebens, die Gedanken an Weltgericht und Erlösung traten zurück; der gern und oft besuchte »Garten der Toten« ist zur Stätte verinnerlichter, persönlicher Betrachtungen geworden.

Das Herzstück des Reformprogramms in Anhalt-Dessau ist das Bemühen um allumfassende Bildung und Erziehung des Volkes gewesen, sahen doch viele bürgerliche Aufklärer darin eine wesentliche, wenn nicht gar die einzige Möglichkeit, den tiefen gesellschaftlichen Widersprüchen zu begegnen. Einige erhaltene Bauten geben noch sichtbares Zeugnis von den richtungweisenden, weit ausstrahlenden schulpolitischen Maßnahmen. Im ehemaligen, 1752 vollendeten Palais des Fürsten Dietrich — Onkel und Vormund des Fürsten Franz — war ab 1777 bis zu ihrer Auflösung 1793 die berühmte Dessauer Lehranstalt Philanthropinum untergebracht. Das Gebäude wurde mehrfach verändert, die ursprüngliche Innendekoration beseitigt. Die Fassade entspricht wohl dem Zustand um 1820. Allerdings fehlt heute das anschließende Tor mit seinen Sandsteinfiguren des Herkules und dreier antiker Kriegerhelden auf der Attika — sicher Anspielungen auf Fürst Dietrichs Rang als Generalfeldmarschall in den Diensten von Brandenburg-Preußen. 1774 war das Philanthropinum, die Schule der Menschenfreundschaft, von Johann Bernhard Basedow gegründet worden. Während der zeitweiligen Leitung durch Joachim Heinrich Campe, den Lehrer der Gebrüder Humboldt und späteren Ehrenbürger der französischen Republik, nahm die Schule einen weiteren Aufschwung. In den knapp zwei Jahrzehnten seiner wechselvollen Geschichte erlangte sie eine Bedeutung, die weit über die Grenzen des Kleinstaates hinaus reichte und Schüler sogar aus dem Ausland anzog. Bedeutende Lehrer, wie zum Beispiel Christian Heinrich Wolke, der dann einem Ruf Katharinas II. nach Petersburg zur Leitung der Kadettenschule folgte, trugen die progressiven Ideen des Lehrprogrammes in andere deutsche und europäische Länder weiter. Befreit von kirchlicher Bevormundung wandte man sich den Forderungen des bürgerlichen Lebens zu und bemühte sich um die Erziehung zu nationalem Selbstbewußtsein. Muttersprache, Geschichte, Geographie, Mathematik und Naturkunde bildeten die Schwerpunkte des Unterrichts. Völlig neuartig und charakteristisch für die vorwärtsweisenden Ziele des Philanthropinums ist die Verbindung von Unterricht und Arbeit gewesen — vergleichbar mit der engen Verknüpfung von Kunst und Ökonomie bei der umfassenden Garten- und Landschaftsgestaltung im Dessauer Land. Von Dessau ging auch die deutsche Turnbewegung aus. Namen von Lehrern wie Wolke, Simon, DuToit und Vieth — in der Hauptschule — sind im Zusammenhang mit der Einführung des Sportunterrichts zu nennen. Zum »Dessauer Pentathlon« gehörten Laufen, Springen, Klettern, Balancieren und Tragen, andere Leibesübungen wurden ebenso gepflegt. Fürst Franz nahm regen Anteil daran und ließ 1777 im Garten des Fürst-Dietrich-Palais einen Spiel- und Übungsplatz für die Körpererziehung anlegen.

Den Charakter von Sport- und Volksfesten für die Landjugend der östlichen Landesteile erlangten die populären, über zwei Jahrzehnte durchgeführten Spiele am Drehberg. Ihnen liegt, wie zeitgenössischen Äußerungen zu entnehmen, die Idee eines »Patriotismus und Liebe zum Regenten« fördernden Nationalfestes als Volkserziehungsmittel zugrunde. Die von Erdmannsdorff geplante, nach 1773 ausgeführte Anlage an der Landstraße zwischen Vockerode und Wörlitz ist heute noch in ihrer Grundsubstanz vorhanden; die Gebäude waren bereits nach dem Tode des Fürsten abgetragen worden. Eine aquarellierte Zeichnung von Frédéric le Bert de Bar gibt das ursprüngliche Aussehen wieder: Flankiert von zwei kleinen, säulengeschmückten Gebäuden erhob sich auf einem Feldsteinsockel im Zentrum ein Rundbau mit Aussichtsgalerie und Kuppellaterne. Die beiden umgebenden Ringwälle, welche als Zuschauerterrassen ausgebaut waren, stammen möglicherweise bereits aus frühgeschichtlicher Zeit. Während die Tempelchen zum Gedächtnis an verstorbene Schwestern des Fürsten er-

richtet wurde, sollte der Mittelbau, der in seiner Gestaltung an die Grabmäler des Augustus in Rom und des Theodorich in Ravenna erinnert, ursprünglich Begräbnisstätte des Fürstenpaares sein. Auf den Wällen standen Reihen von lombardischen Pappeln. Sie betonten durch ihre zeichenhaften Pyramidensilhouetten eindrucksvoll den Denkmalcharakter der Anlage, die vom Eisenhart des Wörlitzer Gartens aus in einer weiten gestalteten Sichtbeziehung zu erblicken war. Dem Zusammenhang von Totenkult und Festspielen in der Antike entsprechend verbanden sich hier am Drehberg die Gedanken an die Vergänglichkeit mit der Hinwendung zum tatenfrohen Leben. Die ersten Sportspiele in Deutschland, in denen die Tradition der Olympischen Spiele wiederaufleben sollte und die an den Geburtstagen der Fürstin Luise im September stattfanden, zogen Tausende von Besuchern an. In je zwei Altersgruppen fanden auf der ringförmigen Bahn zwischen den Wällen Wettläufe für Mädchen und Jungen statt; ein anderer Höhepunkt des sportlichen Teiles des Volksfestes und besonders beliebt war das Pferderennen. Unter den zahlreichen prominenten Gästen befand sich 1781 auch Goethe, der übrigens mehrfach nach Anhalt-Dessau und vor allem nach Wörlitz gekommen ist und hier die aufsehenerregenden Reformleistungen im Lande und die Schönheiten des »Gartenreiches« kennengelernt hat.

Die volkspädagogischen Bemühungen beschränkten sich nicht allein auf derartige Veranstaltungen wie am Drehberg. Von umfassender, tiefer gehender Wirkung und Bedeutung ist die grundlegende Reorganisation des niederen Schulwesens im Dessauer Land unter Leitung Carl Gottfried Neuendorfs gewesen. In der Landschulreform von 1785 und der mustergültigen Schulordnung wurden die Grundsätze einer Einheitsschule, auch für Mittellose, unter staatlicher und pädagogischer Leitung durchgesetzt. Nur, wenn gut aufgebildete Lehrer zur Verfügung standen, konnten diese Bestrebungen Erfolg haben. So wurde 1779 in Wörlitz, im Gelben Haus, einem schlichten, bis heute kaum veränderten Bauwerk, eines der ersten Lehrerseminare Deutschlands eingerichtet. Mit Eröffnung der wegen vielfältiger Schwierigkeiten bei der Leitung des Philanthropinums geschaffenen Hauptschule ist es sechs Jahre später nach Dessau verlegt worden. In Griesen, nahe bei Wörlitz, stehen noch die drei recht gut erhaltenen Gebäudeteile einer nach 1780 errichteten Volksschule; die Riesigker Schule dagegen ist stark verbaut. Die Schauseite der hellgelb gestrichenen Putzbauten in Griesen wird durch rundbogige Blendnischen gegliedert, ein Motiv, das Erdmannsdorff vielfach verwandte und variierte. Beidseitig schließen freistehende niedrigere Wirtschaftsflügel an. So unaufwendig das Ganze erscheinen mag, seine Teile sind wohldurchdacht einander zugeordnet, korrespondieren miteinander und finden in der Heraushebung der Mittelachse des Hauptgebäudes eine kraftvolle Steigerung.

Beide Schulen standen nahe der Landstraße, jene in Riesigk in einer Flucht mit der neugotischen, 1800 vollendeten Kirche gegenüber der Straße. Ihre Fassaden sind dem freien Feld, dem Näherkommen zugewandt. Solche Bauwerke wirkten vielfach, bewußt in dieser

Weise geplant, als Blickpunkte. Sie waren sprechende, malerische Elemente der vielgepriesenen »Landesverschönerung« im Dessauer Land. Der oft gebrauchte Begriff des Gartenreiches ist ja nicht allein wegen der zahlreichen, bereits vorhandenen und neu angelegten Gärten geprägt worden, sondern weil das gesamte Landschaftsbild entsprechend der Aufklärungsdevise »das Schöne mit dem Nützlichen«, in Verbindung von Kunst und Ökonomie gestaltet wurde — eine Tatsache, die uns vom Beginn bewußter Landschaftsgestaltung auf dem Kontinent sprechen läßt. Immer wieder meinten die Zeitgenossen, sich hier in einem großen Englischen Garten zu befinden. Die Auenwälder nahe von Mulde und Elbe, durch mittelalterliche Nutzung aufgelichtet, besaßen bereits eine parkähnliche Struktur. Beim Ausbau des Deichsystems gewann man neue Äcker und durch Rodungen landwirtschaftlich nutzbare Wiesenflächen im Überschwemmungsgebiet. Starke Eichen für die Schweinemast blieben jedoch als Solitärbäume erhalten. Diese weiträumigen Wiesen stellten nun die ästhetische Verbin-

»Ansicht von Gustav Adolf unweit Dessau«.
Zeichnung von R. Freyberg, 1841

dung zwischen den Auenwaldgebieten und den hochstilisierten Gärten her. Im Verlauf des 19. und des 20. Jahrhunderts hat sich der Bestand der für die Dessau-Wörlitzer Kulturlandschaft so charakteristischen Eichen sogar noch weiter erhöht. Eine weitere Erschließung der Landschaft unter ökonomischen Gesichtspunkten brachte die Einführung moderner Landwirtschaftsmethoden mit sich. Anhalt-Dessau ging seit den siebziger und achtziger Jahren des 18. Jahrhunderts auch auf diesem Gebiet voran. Angeregt durch Studien vor allem in England wurde hier die mittelalterliche Dreifelderwirtschaft durch die Fruchtwechselwirtschaft abgelöst. Dabei gewann der Anbau von Klee als Futtermittel eine wichtige Bedeutung. Neben die Einführung der Stalltierhaltung und der Schafzucht in großem Maßstab, der Futtermittelbevorratung für den Winter, der Kalkung und Humuswirtschaft auf den Äckern traten sozialökonomische Maßnahmen: die Aufteilung von Hutungen und Triften und der Verzicht auf das traditionelle feudale Vorrecht, im Frühjahr herrschaftliches Vieh über die Felder der Bauern auszutreiben.

Zentren der Erprobung moderner Landwirtschaftsmethoden waren die fürstlichen Domänen, besonders in der Exklave Gröbzig und in Wörlitz. Am östlichen Ortsrand von Wörlitz entstand zwischen 1783 und 1787, in beziehungsvoller Nachbarschaft zu den Gartenanlagen, ein von Erdmannsdorff nach architektonischen Prinzipien gestaltetes Mustergut. Es ist vorbildhaft auch insofern gewesen, als an menschenwürdige Wohnräume für die Landarbeiter, eine unter den damaligen Verhältnissen gute Entlohnung, Versorgung bei Krankheiten, Unglücksfällen und im Alter gesorgt war. Lange Jahre wirkte hier der hochgeschätzte Landwirtschaftsfachmann Georg Karl von Raumer. Trotz des Abrisses von einzelnen Teilen des großen, einen annähernd quadratischen Hof umfassenden Komplexes besitzt dieser »Tempel der Ceres« immer noch eine bemerkenswerte künstlerische Ausstrahlung. Geschickt hat Erdmannsdorff innerhalb der Gesamtkomposition die Wirkungen von Gliederungselementen und verschiedenartigen Baumaterialien bedacht. Die langgestreckten Backsteinwände der Stallungen und Wirtschaftsgebäude sind durch Blendarkaden belebt; sie wurden ursprünglich beiderseits von reicher

gegliederten, geputzten Giebelwänden und Tordurchfahrten gerahmt. Im Kontrast dazu steht das geschlossene Bruchsteinmauerwerk an der bebauten Stadtseite, während an der freien Feldseite ein Verwaltungsgebäude, heute als Kindergarten genutzt, das Bauensemble abschließt. Der dreigeschossige Putzbau mit Säulenloggia, Pyramidendach, Belvedere und Umgang ähnelt jenem Gebäudetypus, den Erdmannsdorff beim Entwurf des Schlosses Luisium entwickelt und vor allem im Schloß Georgium und im Wörlitzer Rathaus variiert hat. Die kurzen Flügel allerdings sind eine Zutat des späten 19. Jahrhunderts. Mit der Anlage eines Friedhofes in den neunziger Jahren des 18. Jahrhunderts auf der anderen Straßenseite erhielt das Bauensemble der Domäne ein architektonisches Gegengewicht. In der Backsteinumfassungsmauer hat Erdmannsdorff das Aufseherhaus und die Leichenhalle eingebunden. Hier, auf dem Wörlitzer Friedhof, befindet sich neben Grabplatten der Gärtnerfamilie Schoch die Grabstätte des mit dem anhalt-dessauischen Fürstenhaus eng verbundenen Dichters Friedrich von Matthisson, dessen Gedicht »Adelaide« durch die Vertonung Ludwig van Beethovens heute noch allgemein bekannt ist.

Von den zahlreichen Fremden, welche die aufsehenerregenden Anlagen und Bauten in Anhalt-Dessau besuchten, wurden immer wieder die hervorragend ausgebauten Wege und Straßen gerühmt. Pflanzungen mit verschiedenartigen Laub- und Nadelbäumen, vor allem jedoch mit Obstgehölzen, begleiteten sie, machten das Reisen in ihrem duftenden Schatten angenehm. Gerade der Obstanbau war eine geschätzte Nebeneinnahme der Dorfbewohner; ungehindert konnte der Reisende Früchte pflücken und sich erfrischen. Ruheplätze, sogenannte Sitze, etwa der Amaliensitz zwischen dem Georgen- und dem Kühnauer Garten mit seinem palladianischen Bogenmotiv, boten dem Wanderer Erholung und Schutz vor Witterungsunbilden. Daneben gab es Raststätten wie das klassizistische, von Erdmannsdorff entworfene Elbzollhaus im Norden oder den im historisierenden Stil erbauten »Gustav Adolf«, auch »Schwedenhaus« genannt, an der Hauptstraße des Gartenreiches in Richtung Vockerode und Wörlitz. Sein noch erhaltenes Fassadenrelief von Friedrich Wilhelm Doell weist auf ein legendäres Ereignis während des Aufenthaltes des Schwedenkönigs im Dreißigjährigen Krieg hin. An der neu angelegten Leipziger Chaussee im Süden errichtete Erdmannsdorff den »Heidekrug«. In der Nähe dieser Straße liegen die neugotischen Backsteingebäude des Jagdschlosses und der Oberförsterei Haideburg. An eine der vom Fürsten Franz sehr geliebten Parforcejagden erinnert die schöne Sandsteinskulptur eines Hirsches davor. Der Ruinengiebel der neugotisch-romantisierenden, 1782/83 möglicherweise von Erdmannsdorff errichteten Haideburg ist der Straße zugewandt, doppelte Reihen von Spitzbogenverblendungen verleihen ihm und ebenso den Seitenfronten eine lebhafte malerische Gliederung. Auch die Zinnenkränze und besonders der schlanke, von einem spitzen Helm und Dacherkern bekrönte Eckturm sind historisierende Elemente, die auf wahrhafte Bauten längst vergangener Zeiten verweisen sollten.

Zeichenhaft, als Orientierungspunkte ragen die neugotischen Türme der umgebauten oder neu errichteten Kirchen in Mosigkau, Rosefeld, Riesigk, Pötnitz/Mildensee und Vockerode auf. Und von weitem schon weist der besonders hohe Turm der Wörlitzer Probsteikirche heute noch vielen Besuchern den Weg zum berühmten Reiseziel. Bereits nach der klassischen Periode der Landesverschönerung, in der sich Realitätssinn, künstlerische Intuition und Einfühlungsvermögen für die landschaftlichen Gegebenheiten beispielhaft begegneten, baute Ignazio Pozzi 1809 bis 1812 den Turm der acht Winde in Pötnitz, das zum heutigen Dessauer Stadtteil Mildensee gehört. Von hier aus hatte man einen besonders schönen Blick über den Scholitzer See auf die Kirche des Dorfes.

Der kraftvolle Achteckbau erhebt sich über wuchtigem Steinsockel und wird von einer verglasten Laterne abgeschlossen. Sein Vorbild findet sich in Hirschfelds »Theorie der Gartenkunst«, im Entwurf zu einem Bauwerk für astronomische Beobachtungen nach der Beschreibung des Vitruv. Natürlich fehlte auch am Pötnitzer Windturm nicht das harmonische Miteinander, der Widerklang von architektonischer und Gartengestaltung.

Als Wegweisung für die Reisenden dienten, neben der praktischen Schutzfunktion, die Solitärbäume an den Wällen. Andere Orientierungspflanzungen, zum Beispiel die Koniferengruppen an der vom Fliederwall auf die Wörlitzer Rousseau-Insel zuführende frühere Pappelallee, wiesen auf Ausweichstellen für Kutschen und Fuhrwerke hin, hohe einzelstehende Pappeln auch auf wichtige Straßenabzweigungen im Lande. Und an manchen Stellen wurden entlang der Wälle begleitende, wie im »Bertingpark« des Fliederwalls mitunter auch gärtnerisch durchgestaltete Unterwege angelegt. So war im »wohladministrierten Land« Anhalt-Dessau, wie Goethe in »Dichtung und Wahrheit« die Wirkungen der aufgeklärten Regierungspraxis charakterisierte, das Wege- und Straßensystem mit seinen Bauten, Denkmälern, Pflanzungen und mannigfaltigen Aussichten planvoll angelegter, wesentlicher Bestandteil der Landesverschönerung. Es erschloß den sogenannten Westpark mit den hochstilisierten Gärten Georgium, Beckerbruch, Wallwitzberg-Streitheger sowie Kühnau und gleichermaßen den Ostpark jenseits der Mulde, dessen Höhepunkte die Anlagen Luisium, Sieglitzer Berg, Drehberg, Oranienbaum, Fliederwall (Bertingpark) und in besonderem Maße Wörlitz sind.

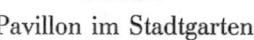

Turm der acht Winde in Dessau-Mildensee

*

Prinzenstein an der Straße Oranienbaum — Griesen/Wörlitz

Rauhes Wachhaus am Fliederwall bei Wörlitz
*
Wachhaus Limesturm am Elbwall nach Riesigk

Wallwachhaus Mittelhölzer bei Wörlitz
*
Ehemalige Volksschule in Griesen

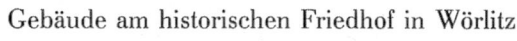

Gebäude am historischen Friedhof in Wörlitz

*

Historischer Gasthof »Eichenkranz« in Wörlitz

HOTEL u. GASTSTÄTTE
zum
Eichenkranz

Wörlitz

Noch heute spiegeln die Anlagen in Wörlitz am umfassendsten die vielfältigen Intentionen der Schöpfer des Gartenreiches Anhalt-Dessau wider. Hunderttausende von Besuchern erleben hier alljährlich ein Gesamtkunstwerk von hohem Rang, das — ab 1764 in etwa vier Jahrzehnten entstanden — den Stil des Landschaftsgartens im kontinentalen Mitteleuropa begründet hat und in dem klassizistische wie neugotische Bauwerke vom Beginn revolutionärer Etappen der deutschen Architekturentwicklung künden. Und doch bedeutet Wörlitz mehr als den Ausgangspunkt garten- und baugeschichtlicher Neuerungen. — Es ist Zeugnis des alle Lebensbereiche berührenden, der bürgerlichen Aufklärung verpflichteten Reformwillens. Die Tatsache, daß die Anlagen eng mit der umgebenden Landschaft korrespondieren und durch keinerlei Gitter, Mauern und Tore abgeschlossen sind, war nicht allein der modernen englischen Gartenkunst geschuldet, sondern zugleich programmatisch gemeint. Dienten die Gärten des Barock und Rokoko dem Vergnügen einer exklusiven Hofgesellschaft, so sind sie hier jedermann zugänglich gewesen. Sogar das Schloß und andere Bauten in Wörlitz und im Gartenreich mit ihren reichen Kunstschätzen konnten besichtigt werden. Es wird berichtet, daß Erdmannsdorff selbst die Schloßkastellane instruiert habe. Auch anderswo wurden zu dieser Zeit herrschaftliche Gärten eröffnet, wie der Prater und der Augarten in Wien unter dem Reformkaiser Joseph II. und der Berliner Tiergarten durch den Preußenkönig Friedrich II. Besonders früh und am konsequentesten, weil konzeptionelle Absicht, kam man jedoch in Anhalt-Dessau dem in Hirschfelds »Theorie der Gartenkunst« propagierten Gedanken zur Schaffung von Volksgärten nahe.

Auf solche demokratisch-pädagogische Tendenzen weist bereits die Rousseau-Insel hin, die dem Reisenden wahrzeichenhaft ins Auge fällt, gelangt er durch die ehemalige Pappelallee nach Wörlitz. Wenige Jahre nach dem Tode Jean-Jacques Rousseaus 1778 ist an dieser markanten Stelle die Nachbildung seiner frühesten, im Park von Ermenonville bei Paris gelegenen Grabstätte entstanden — ein erstes Geniemal in deutschen Landen, keinem Landesherrn, sondern einem bürgerlichen Philosophen gewidmet, der mit seinen aufsehenerregenden Schriften zum ideologischen Wegbereiter der Französischen Revolution von 1789 wurde. Die Inschrift auf dem Gedenkstein für Rousseau hat Fürst Franz selbst entworfen: »Dem Andenken J. J. Rousseau / Buergers zu Genf / der die Witzlinge zum gesunden Verstand / die Wolluestigen zum wahren Genuss / die irrende Kunst zur Einfalt der Natur / die Zweifler zum Trost der Offenbarung / mit maennlicher Beredsamkeit zurückwies / er starb d. II. Jul. MDCCLXXVIII.«

Ganz in der Nähe der Rousseau-Insel, in der nach dem Gärtner Neumark benannten Anlage, befindet sich das Labyrinth. Hier wird das Spielerisch-Belustigende des barocken Irrgartens gleichsam aufgehoben, bedeutungstief mit Sinn erfüllt: Verschlungene, dicht bepflanzte Wege führen zu einer kleinen Lichtung, in der von G. M. Klauer geschaffene Büsten der Aufklärer Gellert und Lavater aufgestellt sind. Ähnliches findet sich im büstengeschmückten Ehrentempel der Edlen Briten in Stowe und im Tempel der Philosophie des Landschaftsgartens zu Ermenonville. Auf den Ideengehalt der gesamten Partie als Gleichnis menschlichen Lebens, in der sich Aufklärungsideologie und Empfindsamkeit durchdringen, weisen verschiedene Inschriften hin. Man geht durch einen dunklen Gang, an dessen Ende sich als Sinnbild der Verführung die Skulptur Leda mit dem Schwan abzeichnet. Aus diesem Irrweg wieder ins Freie getreten, gelangt man in die anmutigen Gefilde des Elysiums. In architektonisch akzentuierter Weise wird dieser Teil von Neumarks Garten durch zwei Pavillons auf dem

Eisenhart abgeschlossen, die einen angrenzenden Kanal überbrücken. Beide Pavillons weisen die ausgewogenen Rundbogen- und Pilastergliederungen der Erdmannsdorff-Bauten auf. Der hintere beherbergte — charakteristisch für die Absichten des Bauherrn und Erdmannsdorffs als maßgebliche Schöpfer des Wörlitzer Gesamtkunstwerkes — eine öffentliche Leihbibliothek. Das Eckgebäude über dem Raseneisensteinsockel wurde errichtet, um die von Reinhold und Georg Forster dem Fürsten 1775 in London übergebenen Südsee-Ethnographika aufzunehmen. Georg Forster hatte gemeinsam mit seinem Vater an der zweiten Weltumsegelung des Kapitäns James Cook teilgenommen und war, als er 1779 nach Wörlitz kam und bei dieser Gelegenheit die Südseesammlung katalogisierte, auf Grund seiner weitgespannten Forschungen bereits eine berühmte Persönlichkeit. Damals schon der absolutistischen Fürstenherrschaft gegenüber kritisch eingestellt, vermerkte er mit

Wörlitzer See mit Schloß und Gotischem Haus.
Kupferstich von C. Kohl nach G. M. Kraus

wachem Interesse die auf das Gemeinwohl gerichtete Politik in Anhalt-Dessau und die schlichte, verbürgerlichte Hofhaltung. In den folgenden Jahren beschritt Georg Forster, wie kein zweiter deutscher Intellektueller der Zeit, konsequent den Weg vom aufgeklärten Demokraten zum bürgerlichen Revolutionär und wurde zum führenden Kopf der Mainzer Republik. Nach gründlicher Rekonstruktion der Eisenhart-Gebäude konnte hier 1984 eine Georg-Forster-Stätte eingerichtet werden. In den originalen Eckschränken des Südseepavillons, dieses frühen Museumsbaus, ist wieder die kleine, wissenschaftsgeschichtlich jedoch sehr bedeutsame Sammlung zu sehen; im bislang leerstehenden Bibliothekspavillon sind Leben und Wirken Georg Forsters sowie seine Beziehungen zum Dessau-Wörlitzer Kultur- und Reformkreis dokumentiert.

Die Tatsache, daß die Forstersche Südseesammlung eine solche würdige, eigens für sie geschaffene Heimstatt gefunden hatte, war bezeichnend für das tiefe Interesse der Aufklärer an den kulturellen Leistungen verschiedener Völker und Zeiten. Allenthalben begegnet man in

Wörlitz derartigen Hinweisen, und immer wurde damit ein öffentliches Wirkenwollen, eine volksaufklärerisch-pädagogische Absicht verbunden. So sind die Wörlitzer Anlagen von vorn herein zu einer Stätte der Begegnung mit Kunst und Kultur, ja sogar mit den Errungenschaften der Technik geworden: Keine der zahlreichen Brücken, welche die Kanäle überspannen, entspricht in ihrer Gestaltung einer anderen. Eine Dreh- und eine Zugbrücke in holländischer Art sind nicht mehr erhalten, dagegen findet sich neben klassizistischen und romantisierenden Lösungen ein technisches Denkmal — die verkleinerte Nachbildung der berühmten, 1779 vollendeten Iron-

bridge in Mittelengland, einer damals ganz modernen, in Gußeisen ausgeführten Konstruktion. In Wörlitz nun wurde dieser Kopie eine Furt als ursprünglichste Möglichkeit der Gewässerüberwindung in sinnfälliger Weise vorgelegt. Fähren über den Wörlitzer See, ein Altwasser der Elbe, waren von Beginn an vorhanden; ihre heutige Größe und Konstruktion sind durch den starken Besucherandrang bedingt. Von der Zuwendung zu den Kulturleistungen Chinas, die im Vergleich zum Barock und Rokoko in neuer Weise gewertet wurden, zeugen drei weitere Brücken im westlich gelegenen Schochschen Garten: die hölzerne, elegant geschwungene Weiße Brücke, die steil aufragende, mit dem anfangs häufig verwendeten Raseneisengestein bekleidete Hohe Brücke und die von Ketten getragene Hängebrücke in der Ro-

Plan der westlichen und mittleren Teile des Wörlitzer Gartens. Kupferstich von J. S. Probst nach J. C. Neumark, 1784

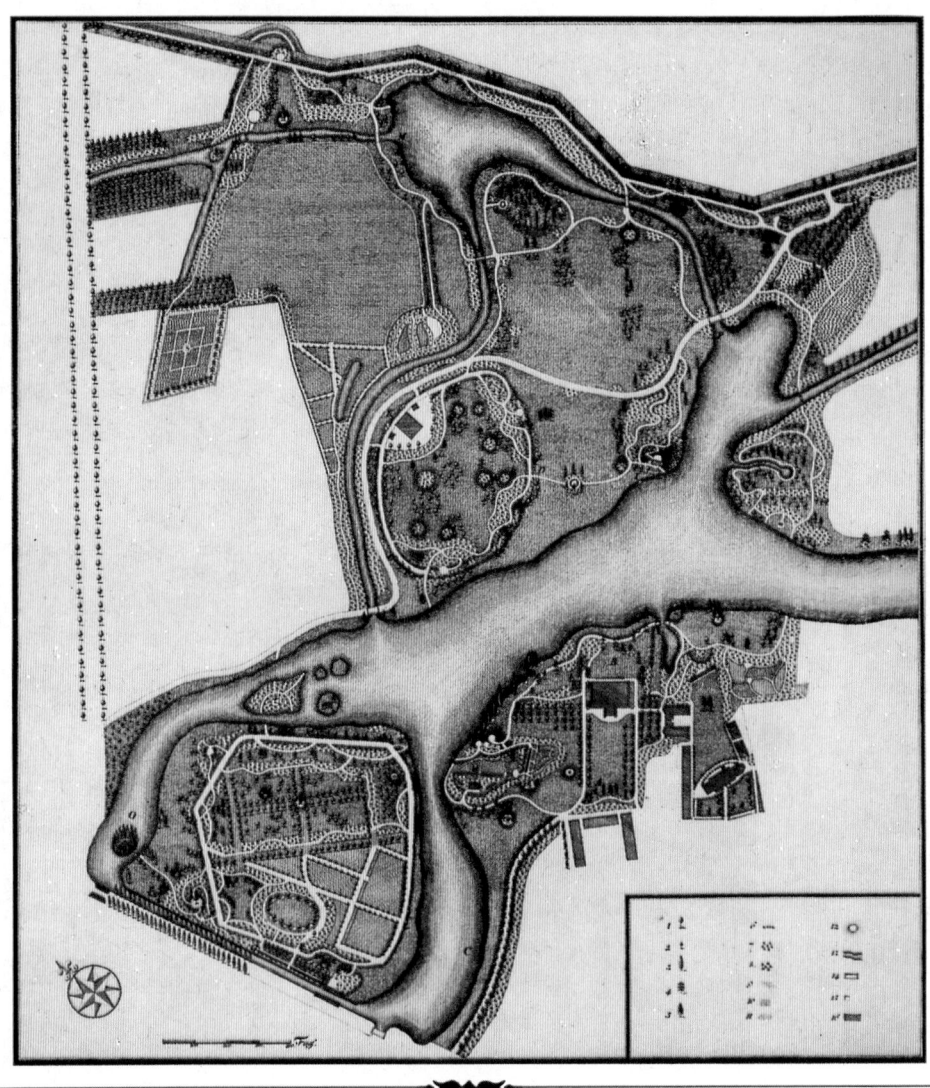

»Entrée de Wörlitz« — Eisenhart und Gasthof Eichenkranz.
Kupferstich von J. G. Boettger, 1801

mantischen Partie. Im benachbarten Oranienbaum hat man sogar einen anglo-chinoisen Garten angelegt, und im chinesischen Stil sind zwei Räume des klassizistischen Wörlitzer Schlosses gestaltet.

In erster Linie aber sind es Italienmotive, die immer wieder ins Auge fallen. Waren Reisen in das Land der Antike nur wenigen möglich — hier in Wörlitz sollte vielen die Schönheiten von Landschaft und Kunst in ihrer reizvollen Verbindung nahe gebracht werden. Den meisten klassizistischen, von Erdmannsdorffs stammenden Bauten liegen Anregungen oder unmittelbare Vorbilder aus Italien zugrunde: Dem Floratempel und dem Venustempel, in dessen Mitte sich ein Abguß der berühmten Venus Medici befindet, dem Nymphäum mit den angrenzenden Weinbergterrassen, ebenso dem Pantheon, einer verkleinerten und vereinfachten Nachbildung des berühmten römischen Rundbaus, oder dem Judentempel.

In England hatte man derartige antikisierende Bauwerke als Architekturelemente des Landschaftsparks kennengelernt. Säulenumstandene Rundbauten in der Art des Venustempels beispielsweise gibt es sowohl in Stowe als auch in West-Wycombe, ein Pantheon in Chiswick.

Neben dem genannten pädagogisch-veranschaulichenden Sinn und dem ästhetisch-gestalterischen im Gartengesamtkunstwerk hatten jene Bauten, die Innenräume bargen, verschiedene Zweckbestimmungen. Im intimen Raum des Floratempels, mit anmutiger Wand- und Deckenmalerei geschmückt, mit einer antiken Statue und heute im Gotischen Haus befindlichen Blumenstücken ausgestattet, fanden Konzerte im kleinen Kreis statt; die dem See zugewandte und einem ehemaligen Eiskeller vorgeblendete Säulenhalle des Nymphäums war ein Schutzsitz bei sommerlicher Hitze oder widrigem Wetter. Das Pantheon wurde errichtet, um einen architektonisch repräsentativen Rahmen für zahlreiche der in Italien erworbenen Antiken zu schaffen. Seine weiße, von einem reliefgeschmückten Dreieckgiebel überdeckte Säulenhalle vor der hellgelb gestrichenen Rückwand steht im wirkungsvollen Kontrast zum Dunkelrot des Quaderputzes am Rundbau. Von außerordentlich beeindruckender Wirkung ist das Innere des Pantheons. Der Sockel birgt einen effektvoll beleuchteten, niedrig gewölbten Raum und einen Umgang. Nachbildungen ägyptischer Bildwerke sollen wohl auf die Parallelität der vernichtenden wie befruchtenden Überschwemmungen des Nil und der heimatlichen Elbe hinweisen. Licht und klar erscheint dagegen die Rotunde des Obergeschosses. Der Mittelraum, dessen reich bemaltes Kuppelgewölbe von einer Glashaube erhellt ist, erstreckt sich über die gesamte Höhe. Er wird von doppelgeschossigen, in Arkaden geöffneten Umgängen begleitet, durch Pilaster und fein ausgearbeitete Gesimse gegliedert. In der Steinimitation der Pilaster und Plastiksockel sowie dem stuckierten Fußboden erhält die Kuppelmalerei ihren farblichen Widerklang. Eine als Venus Urania ergänzte Skulptur steht im Zentrum des Raumes, in den rundbogigen Nischen des Untergeschosses Apoll und die Musen, und weitere antike Fragmente wurden in den Umgängen aufbewahrt.

Ein heute nach seinem römischen Vorbild oft als Vestatempel bezeichneter, pilastergeschmückter Rundbau diente ursprünglich der jüdischen Gemeinde als Gotteshaus. Die hölzernen Einbauten — Frauenempore, Torapult und Toraschrein — waren bis zu ihrer Zerstörung 1938 noch vorhanden, dagegen blieb das Ritualbad im Gebäudesockel erhalten. Eine ältere Synagoge hatte zuvor in der Stadt gestanden. Sie mußte beim Neubau des Rathauses und bei der Gestaltung des Marktplatzes, der in der Art eines römischen Circus angelegt wurde und die architektonische Verbindung zwischen Stadt und Schloß herstellen sollte, abgetragen werden. Der Judentempel, zwischen Stadt- und Gartenanlage als Abschluß einer Straße errichtet, verdankt seine Entstehung der Toleranzpolitik der Aufklärung in Anhalt-Dessau, die den Juden religiöse wie wirtschaftliche Entfaltungsmöglichkeiten brachte und zur Gründung einer eigenen Bildungseinrichtung, der Franzschule, führte. In jener Epoche war Gotthold Ephraim Lessings berühmtes, gegen geistige und religiöse Unterdrückung gerichtetes Versdrama »Nathan der Weise« erschienen; Schriften von ihm befanden sich in der Wörlitzer Schloßbibliothek.

Seinen Höhepunkt erlangten die Italien-Erinnerungen mit der Anlage des Stein, eines aus Findlingen errichteten, ringsum von Wasser umgebenen Ensembles. Später wurde dieses bizarr wirkende Gebilde vom Bauherrn selbst mit kritischen Augen gesehen und die darin eingeschlossene Idee, etwas dem historisierenden Architekturgarten Kaiser Hadrians in Tivoli Verwandtes zu schaffen, als mißlungen bezeichnet. Und dennoch ist es für heute ein höchst interessantes Zeugnis der oft widersprüchlichen geistigen Welt des ausgehenden 18. Jahrhunderts, der in Wörlitz wiederholt in Erscheinung tretenden Verbindung von aufklärerischer Kulturpropaganda mit romantisierenden Tendenzen. Hier in der Insel Stein vereinigen sich Nachbildungen der Landschaften Campaniens und Siziliens mit denen der antiken Baukunst. Nähert man sich vom Wasser her oder auf dem Uferweg dem Stein, so lenkt ein Kegelstumpf, der »Vesuv«, sogleich den Blick auf sich. Zu besonderen Anlässen wurden sogar Vulkanausbrüche imitiert. Näher gekommen, betrat der Fußgänger nun das Steilufer, hatte von hier aus eine veränderte, nahe Sicht auf das felsige Eiland. Unten ist es in wasserdurchflossenen Grotten geöffnet, die auf das antike Schiffsarsenal am Kap Misenum hinweisen. Eine Fähre ermöglicht den Zugang zur Insel. Steht man am Fuß des Kraters, über den See blickend, so zeichnen sich unten die geographischen Umrisse Süditaliens, die »Stiefelspitze« und Sizilien, ab. Seitlich schmiegt sich das Halbrund eines Amphitheaters an den steil abfallenden Hang. Enge Treppen und katakombenartig verwirrende Gänge, in die nur gelegentlich Lichtstrahlen einbrechen, verbinden die Tempel der Nacht und des Tages, Römische Bäder, die Grotten der Kalypso und ein Kolumbarium, dessen Nischen frühgeschichtliche, beim Bau der Gartenanlagen gefundene Ascheurnen aufnahmen. Architektonisches Hauptmotiv ist die wirkungsvoll in einen Eckpunkt der Insel eingefügte Villa Hamilton, eine 1791 bis 1794 entstandene Nachbildung jenes Landhauses des Antikekenners, Vulkanologen und englischen Gesandten im Königsreich Neapel, das sich am Posilippmassiv befand. Eine Schwarzkiefer davor erinnerte in der Gestalt ihrer Krone an die malerischen Pinien Italiens. Die Villa Hamilton birgt drei klassizistische Räume, deren intensive Farbigkeit und Dekoration sich besonders eng an die

Wandgestaltung von Herculaneum und Pompeji anlehnt. Erdmannsdorff und seine Mitreisenden aus Dessau hatten ja die Ausgrabungen besichtigt und waren von ihnen außerordentlich beeindruckt worden. Die reiche Ausstattung mit Werken der Malerei, Grafik, Plastik und des Kunsthandwerks bezieht sich auf die vielfältigen Eindrücke der Italien-Reisen — auf die verehrte Antike, landschaftliche Schönheiten, herausragende Leistungen italienischer Malerei; selbst das von Erdmannsdorff entworfene Mobiliar nimmt antike Formen auf. Von ganz besonderem Reiz sind die zahlreichen Ruinenbilder in Gouachetechnik von Charles-Louis Clérisseau.

Die Vergegenwärtigung der Antike und Italiens klingt im Osten des Wörlitzer Gartens, in der Italienischen Landschaft am Georgenkanal, dem etwas entfernt liegenden Italienischen Bauernhaus und der künstlich angelegten Ziegeninsel im Großen Walloch aus. Sie findet schließlich ihren endgültigen Abschluß mit dem letzten Gartenbauwerk, dem zur Erinnerung an die Vorfahren

des Fürsten Franz errichteten, 1807 vollendeten Monument auf dem Elbwall. Nach dem Vorbild der Phokassäule des Forum Romanum wurde hier eine antike Säule aufgestellt, über die vom Belvedere des Schlosses aus die längste gestaltete Blickbeziehung der Wörlitzer Anlagen durch die von Auenwald gerahmte Coswiger Chaussee auf den Kirchturm der Stadt geht.

Um den 112 Hektar umfassenden Wörlitzer Garten mit seinen vielfältigen, assoziationsreichen Motiven erleben zu können, muß man ihn mit wachen Sinnen durchwandern, mit der Gondel durchfahren. Nichts war bei seiner Gestaltung dem Zufall überlassen worden, alles verrät den künstlerischen Formwillen der Schöpfer. Architektur und Plastik, gestaltete Natur und Gewässer verbinden sich innig zu dreidimensionalen Bildern; dichte Gehölzgruppen, lichte Haine und offene Gartenräume mit Wiesen und Äckern erwecken je nach Jahres- und Tageszeit verschiedenartige Stimmungen. Unterschiedlich in ihrem Habitus ist die große Zahl dendrologisch bemerkenswerter Laub- und Nadelgehölze; mit genauer Kenntnis ihres Erscheinungsbildes wurden sie einander zugeordnet, einzelne Gartenpartien geformt. Doch nicht

»Das Wirthshaus zum fürstlichen Garten in Wörlitz«.
Kolorierte Radierung von J. F. Nagel, um 1790

»Die Kettenbrücke im fürstl. Garten zu Wörlitz«.
Kolorierte Radierung von J. F. Nagel, um 1790

das Auge allein vermag alle Stimmungswerte zu erfassen. Erst im Zusammenklang verschiedener Sinne ist das Ganze erfühlbar, erlebbar: Zeichenhaft ragen etwa die schlanken Silhouetten der lombardischen Pappeln auf, deren Blätter beim leisen Windhauch wispern. Dunkelheit und tiefe Ruhe umfangen uns dagegen in der dichten, flächendeckenden Nadelholzpflanzung. Vorder-, Mittel- und Hintergründe der Raumkompositionen ziehen den Blick in die Tiefe, von einem Bauwerk, einem Gedenkstein oder einer Gartenplastik wird er aufgefangen. Blickpunkt und Wegführung, im Barockpark identisch, werden nun voneinander getrennt. Gewundene Wege, ziellos zunächst erscheinend, lenken den Besucher. Ändert sich ihre Richtung, treffen sie aufeinander, so überrascht ein neues malerisches Bild, eine neue Sichtbeziehung. Bänke und Sitzsteine an solchen Stellen laden zum Verweilen ein. Schochs Garten vor allem bietet eine Fülle rasch wechselnder Einzeleindrücke. Die Ostteile dagegen sind weiträumiger, differenzierter in ihrem

Raumgefüge, gehören schon einer späteren Phase der stilistischen Entwicklung des Landschaftsgartens an.

Eine der langen schmalen Blickachsen, die in der Frühzeit der Wörlitzer Anlagen besonders häufig entstanden — Lichtstraßen, wie sie Jean Paul nannte — ist die Sicht von der Wolfsbrücke zum Venustempel auf dem Elbwall. Über eine gewisse Strecke begrenzt durch die dichte Uferbepflanzung eines schmalen schattigen Kanals erstreckt sie sich über die Länge von etwa 600 Meter. Dort, wo der Kanal am Gotischen Haus abbiegt, gleitete der Blick über die Wiesenfläche des ehemaligen Küchengartens weiter, wird zunächst auf das weiße Tor zwischen rahmenden Backsteinmauern gelenkt, geht dann über ein Feld und den ansteigenden Rasenspiegel an der Wallschräge, trifft schließlich auf den schlanken Säulenbau des Tempels, der sich silhouettenhaft klar vor dem Himmel abzeichnet und auf der ruhigen Wasserfläche des Kanals gespiegelt wird. Steht man an der Eingangstür des Gotischen Hauses, so breitet sich ein panoramenartiges Bild aus, in das, gleich einem geöffneten Fächer, durch Büsche und Bäume geteilte Sichten unterschiedlicher Ausdehnung hineingelegt sind: jenseits von Äckern zum entfernt liegenden Wachhaus Mittelhölzer am Elbwall, in kürzerer Entfernung zu den neugotischen Backsteinbauten des Palmenhauses und der Hofgärtnerwohnung, genau in der Mittelachse liegt der klassizistische Floratempel mit seiner schönen Säulenfront, und weiter rechts wird wieder der Venustempel sichtbar, schließlich der ehemalige Kuhstall.

In der flachen Landschaft der Elbaue haben Ausblicke von erhöhtem Standort einen besonderen Reiz. Der vielfach ausgebuchtete Elbwall am nördlichen Rand der Anlagen bietet dafür mannigfaltige Gelegenheit — zum Überflutungsgebiet der Elbwiesen und Auenwälder hin, auf die Wallbauten Luisenklippe, Venustempel, Monument und Pantheon, in die Gartenanlagen hinein. Ruhebänke markieren auch hier wieder wichtige Aussichtspunkte. So führte über das Kleine Walloch eine lange, heute zugewachsene und in den nächsten Jahren zu rekonstruierende Sichtachse rechts an der Weißen Brücke vorbei durch den Garten am Gotischen Haus, um den Blick auf eine der Sandsteinurnen am schloßnahen Ufer des Wörlitzer Sees freizugeben. Sehr bekannt ist der Wallblick über den Grabhügel einer Prinzessin und die Goldene Urne zum Wörlitzer Kirchturm hin. Hier wird der Ideengehalt solcher Gestaltungsmotive in besonderer Weise sinnfällig. Ursprünglich wurde der Denkmalcharakter noch durch die Anpflanzung von je vier zypressenähnlichen Zedern und hohen Pappeln auf dem Hügel betont, gleichzeitig damit das Gartenbild im Vordergrund gerahmt. Im Winter 1985/86 ist dieser durch Baumwuchs beeinträchtigte Blick freigestellt worden. Zugleich wurden zwei weitere Achsen des alten Sichtenfächers rekonstruiert — die über die Neue Brücke zum Judentempel und die zur Plastikgruppe in Schloßnähe — so daß nun wieder christliches und jüdisches Gotteshaus gleichermaßen, im Nebeneinander zu erleben sind.

Bei der Hochwasserkatastrophe 1770, welche die bereits vorhandenen Anlagen am Schloß vernichtet hatte, brach der Elbwall an zwei Stellen. Die beiden durch Ausspülung entstandenen »Wallöcher« nutzte man dann beim Bau der vier Gartenteile, von denen zwei nach wichtigen Gärtnern benannt worden sind. Die Gewässer wurden durch Kanäle miteinander verbunden, und es bot sich dabei die Möglichkeit, daß System der Blickbe-

ziehungen und bildhaften Räume so zu gestalten, daß sie auch vom Wasser, vom Boot aus erlebt werden konnten: Unter der Neuen Brücke in den Kanal eingefahren, hat man die Goldene Urne vor sich, erblickt dann etwas später in Diagonalsicht den Kirchturm, an der Biegung bei der Urne die Agnesbrücke und den Venustempel über einen ansteigenden Rasenspiegel, ganz nahe den Warnungsaltar, und auf der Gegenseite führte eine weite Sichtbeziehung auf eine in der Ferne liegende Ziegelei. Ein langer schmaler Durchstich durch den Weidenheger-Garten und die Neuen Anlagen im Ostteil verbindet den Wörlitzer See mit dem Großen Walloch. Dort an der Einmündung überspannt die Sonnenbrücke, deren vergoldete Strahlen sich im Halbkreis auf dem Wasser spiegeln, den Kanal. In der Entfernung endet der Blick auf der Giebelseite des Roten Wallwachhauses. Beim Kanalbau ist der Endaushub genutzt worden, um das Gelände stellenweise aufzuschütten, zu modellieren, und um Aussichtspunkte zu schaffen. So entstand der Hügel, in den die Halle des Nymphäums hineingebaut ist. Von der Plattform aus bietet sich eine breite Aussicht über den See auf den Stein, die Synagoge, den Kirchturm, das Schloß und den Grünen Berg. Der Grüne Berg an der gegenüberliegenden Seite des Sees wurde ebenfalls künstlich angelegt. Hier verbindet sich wieder, ähnlich wie am Gotischen Haus, die Übersicht mit Tiefenzügen, beispielsweise zum Floratempel. Diese Beziehung ist vor nicht allzu langer Zeit im Zusammenhang mit der Rekonstruktion der vorher völlig zugewachsenen Sichtachse Wolfsbrücke — Venustempel neuentdeckt und wiederhergestellt worden.

Um den einzigartigen Charakter der Wörlitzer Anlagen zu bewahren, bedürfen die vielgestaltigen Gartenmotive, die ja dem Werden und Vergehen der Natur unterliegen, der ständigen Pflege und oft auch der Rekonstruktion. Es wird noch ein großer Aufwand nötig sein, die so wesentlichen, heute vielfach zugewachsenen oder in der Vergangenheit mitunter irrtümlich bepflanzten Sichtbeziehungen erneut erlebbar zu machen. Besondere Beachtung verdient bei diesen verantwortungsvollen Maßnahmen, deren Grundlage alte Pläne, Ansichten und Beschreibungen sind, auch der historische Pflanzenbestand. Schon die maßgeblichen Gestalter, Fürst Franz selbst und sicher auch Erdmannsdorff, hatten zahlreiche fremdländische Laub- und Nadelgehölze verwandt — aus Interesse an der Pflanzenwelt anderer Länder, vor allem jedoch, um die beabsichtigten Wirkungen zu erzielen und Ideenverbindungen zu schaffen. So wurden beispielsweise amerikanische Sumpfzypressen, Zedern, etliche in ihrem Wuchs an italienische Pinien erinnernde Schwarzkiefern und sehr oft die schlanken, aufragenden lombardischen Pappeln gepflanzt — auf der Rousseau-Insel, am Seeufer zwischen Grünem Berg und Schloß in eindrucksvoller Verbindung zur Freiplastik und an vielen anderen Stellen. Im 19. Jahrhundert trat mitunter dendrologischer Sammeleifer in den Vordergrund, auch mangelndes Verständnis beeinträchtigte die ursprünglichen Gestaltungsabsichten und ideellen Aussagen des Aufklärungswillens in Wörlitz. Nicht nur Sichtbeziehungen, auch die Feldsteinsockel des Pantheons und des Venustempels wuchsen zu oder wurden bepflanzt, der beabsichtigte Kontrast Natur — Kunst ging damit verloren, der Gebäudefuß des Pantheons versank im Grünen.

Wie das Pantheon, so sind in den letzten Jahren auch die künstlichen Raseneisensteinfelsen an der Kettenbrücke freigestellt worden, und nun ist das Erlebnis dieses Teiles der Romantischen Partie eher möglich. Vollständig kann dies wohl kaum gelingen, denn zu fremd sind uns heute jene empfindsamen Gedankengänge der Menschen des späten 18. Jahrhunderts, die neben anderen der Zeitgenosse August Rode in seiner Wörlitz-Beschreibung geschildert und mit manchen literarischen Hinweisen verbunden hat. Am ehesten mögen wir noch den Sinn des Wallteils mit der Luisenklippe, dem Venustempel und dem dazwischen liegenden Tiefen Tal erkennen können. Hier ist ein Erlebnisraum geschaffen worden, in dem wieder das Unwirtliche der Natur und das Erhabene der durch Menschengeist und -hand geformten Kunst einander gegenübergestellt sind. Verschiedenartige Gefühle, Stimmungen der Selbstbefragung sollten die niedrigen Gänge, die Räume der Einsiedelei und Inschriften darin hervorrufen. Die schwankende Brücke betrat man mit leichtem Schaudern, Selbstüberwindung war nötig, sie zu überqueren, aber das Gefühl der Erleichterung lohnte die Mühe.

Von anderer Wirkung ist das Gartenbild am Neuen Weg zwischen Gotischem Haus und Floratempel. Begrenzt durch die Küchengartenmauer breitet sich ein Raum aus, der nach Rode mit einer Theaterdekoration zu vergleichen wäre. Der Venustempel auf dem Elbwall und das Gebüsch zu seinen Seiten stellten sich als Szene dar, Floratempel und Kettenbrücke links, Wasserflächen, Bepflanzung und weite Durchsichten rechts als Seitenszenen, eine ungeschnittene Hecke vorn als Bühnenpodium und das große Ackerstück in der Mitte als Proszenium. An anderen Stellen der Wörlitzer Anlagen wurden solche Äcker ebenfalls in die Gartengestaltung einbezogen. Hier tritt uns erneut jener Aufklärungsgedanke der Verbindung des Schönen mit dem Nützlichen entgegen. Die Besucher wollten die Arbeit auf den Feldern beobachten, und das Wachsen und Reifen der Feldfrüchte brachten im Wechsel der Jahreszeiten jeweils verschiedenartige Eindrücke mit sich. Auch die Wiesen wurden ja landwirtschaftlich genutzt, Obstgehölze angepflanzt; auf den kleineren Flächen weideten Kühe und Schafe.

Ein Erlebnisbereich eigener Art, der Floragarten mit seinem reichen Blumenschmuck, liegt ganz nahe. Der Neue Weg mündet in ihn ein, endet an einem kleinen, in halbkreisförmigen Terrassen erhöhten und eindrucksvoll bepflanzten Blumentheater. Wie der benachbarte Palmengarten, so stammt auch die Anlage vor dem Tempel in ihrer jetzigen Gestalt erst aus dem 19./20. Jahrhundert. Ursprünglich war sie, wie eine alte Darstellung zeigt, viel lockerer gestaltet und dadurch die strenge Klarheit des klassizistischen Bauwerks betont worden. Üppig blühende Pflanzen in edel geformten Gefäßen akzentuieren auf besondere Weise noch die Wirkung der Architektur. Natur und Kunst klingen hier in schöner Harmonie zusammen — ein im Sinngehalt begründetes Gestaltungsprinzip, dem man in Wörlitz wiederholt begegnet: »Den Freunden der Natur und Kunst«, so besagt eine Inschrift, ist das Pantheon in der großzügig gegliederten Partie am Großen Walloch gewidmet; das Schriftband des reliefgeschmückten Warnungsaltars in Schochs Garten, eines ersten Denkmals dieser Art in deutschen Landen, mahnt: »Wanderer, achte Natur und Kunst und schone ihrer Werke.« Und die Gartenbauten, das Gotische Haus, das Schloß sind unmittelbar Stätten der Begegnung mit der menschheitsveredelnden Kunst geworden.

»Der Gartensitz am Schwanenteiche«.
Kupferstich von J. G. Boettger, 1801

1769 ist für die deutsche Architekturgeschichte ein Jahr besonderer Bedeutung gewesen. Am 5. April wurde der Grundstein des Schlosses Wörlitz gelegt. Diese Schöpfung des Freiherrn Friedrich Wilhelm von Erdmannsdorff gilt als Gründungsbau des Klassizismus in Deutschland. Im gleichen Jahr war im Park von Potsdam-Sanssouci das Neue Palais des preußischen Königs Friedrich II. vollendet worden. Friedrich selbst nannte den aufwendigen spätbarocken Bau eine »Fanfaronnade«, eine Prahlerei, mit der die wirtschaftliche und politische Potenz des preußischen Staates demonstriert werden sollte. Auch der Baubeginn der Süddeutschen Rokokoschlösser Monrepos und Solitude liegt erst in den Jahren 1763 beziehungsweise 1764, und das Hauptwerk des westfälischen Barock, das Schloß in Münster, war etwa ein Jahr vor dem Erdmannsdorff-Bau, um 1772,

vollendet. In Wörlitz nun entstand ein Gebäude, in dem die neuen Stilprinzipien in ihrer Einheit von Innen- und Außenbau zum Durchbruch gelangten und das damit eine revolutionäre baukünstlerische Leistung darstellt. An die Stelle des dynamisch gegliederten barocken Baukörpers, geschwungener Fassaden und reicher plastischer Dekoration trat eine statische Architekturauffassung. Schloß Wörlitz besitzt einen kubischen Charakter; die einzelnen Bauteile sind klar begrenzt und symmetrisch geordnet, die Wände als Flächen betont, und der Dekor wird maßvoll, akzentuierend verwendet. Eine Säulenhalle beherrscht das Fassadenbild. Auch in der Innengestaltung setzen sich analog die rationalistischen Bauprinzipien der tektonischen Gliederung durch.

Natürlich gab es vorher bereits klassizistische Tendenzen, in England, Frankreich, den Niederlanden, aber auch in Deutschland. Vor allem in den protestantischen Gebieten waren seit längerem Strömungen wirksam, die von den Werken des oberitalienischen Baumeisters Andrea Palladio im 16. Jahrhundert ausgehend zu strengeren Ausdrucksformen im barocken Bauen führten. Als zeitlich und regional nahe liegende Beispiele, in denen sich eine klassizistische Haltung ausprägte, seien das 1741 bis 1743 errichtete Berliner Opernhaus von Georg Wenceslaus von Knobelsdorff und auch das recht spät, zwischen 1770 und 1776 entstandene Dresdener Landtagsgebäude des Architekten Friedrich August Krubsacius genannt. Krubsacius war stärker noch als Theoretiker denn als Praktiker einer der Wegbereiter des Klassizismus. Das Wörlitzer Schloß nun gehört jedoch nicht dem vielfach als Louis-Seize, gelegentlich als Zopfstil bezeichneten Übergangsstil an, der in dieser Zeit insbesondere in Süd- und Westdeutschland Einfluß gewann. Dieses erste große und bedeutendste Bauwerk Erdmannsdorffs, das 1773 vollendet war und dessen Gestaltungsmotive der Architekt später immer wieder abwandelte, ist bereits eine reife, richtungweisende Leistung des deutschen Frühklassizismus.

Bereits seit dem 17. Jahrhundert dominierte in England der palladianische Klassizismus; auch die Herrensitze waren durch die Villenarchitektur Andrea Palladios angeregt worden. Erdmannsdorff hat zahlreiche dieser Bauten kennengelernt, und es läßt sich eine gewisse architektonische Verwandtschaft mit dem späteren Wörlitzer Gebäude nachweisen. Doch zum unmittelbaren Vorbild wurde Schloß Claremont, das Henry Holland 1763/64 oder 1771 bis 1774 errichtete. Fürst Franz und Erdmannsdorff dürften es entweder während ihrer zweiten englischen Reise gesehen oder die Baupläne studiert haben. Von einer Kopie zu sprechen, wäre jedoch unrichtig. Die Entwürfe Erdmannsdorffs für Schloß Wörlitz zeigen deutlich seine Auseinandersetzung mit diesem englischen Bauwerk und zugleich mit der barocken Tradition. So sah der erste Entwurf neben einer geringeren Gebäudetiefe und einem mittleren Gang statt des Innenhofes ein hohes Mansardwalmdach vor, das in seiner Bewegtheit und Wucht in Widerspruch zur streng gegliederten Fassade und ihrer Säulenvorhalle steht. In einer anderen Zeichnung ist wie bei Schloß Claremont das Dach durch eine Attika verdeckt. Der ausgeführte Entwurf verzichtet dann auf die Attika. Das schlichte Walmdach mit den Kaminen bleibt sichtbar, und an die Stelle

von Fenstern zu Seiten des Portales traten Figurennischen. Auch auf die herrschaftliche Wappenkartusche am Vorhallengiebel wurde verzichtet und dem Bau so im Sinne der Verbürgerlichung insgesamt ein eigener, der Aufklärung verpflichteter Charakter verliehen. Mit seinem abgeflachten Walmdach weist Schloß Wörlitz eine eindrucksvolle proportionale Ausgewogenheit der Elemente des Baukörpers auf. Auf der Rückseite war ein Belvedere, die Firsthöhe nicht überragend, in Gestalt einer Attika vorhanden. Erst 1783/85 wurde dieser Bauteil durch den nach seiner Dekoration benannten, laternengekrönten Palmensaal, von dem man die Gartenanlagen und die umgebende Landschaft überblicken wollte, erhöht, damit aber das harmonische Wechselspiel zwischen horizontaler Geschoßgliederung und vertikalen Fensterachsen beeinträchtigt.

Neben dem tiefen Eindruck, den die antiken römischen und die modernen klassizistischen Bauten Englands hinterließen, waren es archäologische und architektonische Schriften, die die Kenntnisse Erdmannsdorffs erweiterten. Zu den bekannten englischen Architekturführern und Vorlagebüchern des 18. Jahrhunderts gehörte James Gibbs' »Book of architecture«, in dem sich ein Entwurf findet, zu dem Schloß Wörlitz eine Verwandtschaft aufweist und das auch Einfluß auf das Weiße Haus in Washington/USA gehabt hat. Robert Woods Publikationen »Les ruines de Palmyre ...« und »Les ruines de Balbec« befanden sich in Erdmannsdorffs Bibliothek. Auf sie geht die Gestaltung von Architekturdetails, insbesondere am Außenbau des Wörlitzer Gebäudes, zurück. Unter den Werken, auf die der Baumeister bei der Dekoration des Inneren häufig zurückgriff, seien nur die »Pitture antiche d'Ercolano« über die bei den Ausgrabungen in Herculaneum zutagegetretenen Wandmalereien genannt.

Als 1764 mit der Gestaltung der neuen Wörlitzer Anlagen begonnen wurde, war hier bereits ein kleines barockes Jagdhaus vorhanden, an das noch eine Inschrift am Denkmal des Fürsten Dietrich erinnert. Seit der Grundsteinlegung des neuen Schlosses 1769 ging das Baugeschehen offenbar zügig voran. Bereits im Frühjahr 1770 wurde mit dem Rohbau im Inneren begonnen, und nach annähernd vierjähriger Bauzeit konnte das Gebäude 1773 eingeweiht werden. Lediglich die Bibliothek und der Festsaal mit den Carracci-Kopien waren damals noch unvollendet. Die Bauleitung lag, zumal Erdmanns-dorff selbst 1770/71 in Italien weilte, in den Händen des Dresdeners Johann Gottlieb Daumann. Für die Ausma-lungen im Innern hat man das Berliner Akademiemit-glied Johann Fischer herangezogen. Ansonsten wurden die Arbeiten von heimischen Fachleuten ausgeführt, zum Beispiel von dem Bildhauer Ehrlich, der auch die beiden Sandsteinfiguren am Eingang schuf, dem Maurermeister Corte, dem Stukkateur Schätzel und dem Möbeltischler Johann Andreas Irmer. Erdmannsdorffs theoretische und praktische Bemühungen galten in breitem Maße der He-bung des Niveaus von Handwerk und Künsten in An-halt-Dessau. Diese belegt auch seine Schrift »Gedanken über die allgemein vorbereitende Unterrichtsanstalt zu mechanischen Gewerben und zu bildender Kunst für Dessau«.

Während das alte Jagdhaus dem Neubau völlig wei-chen mußte, blieben die regelmäßigen Lindenalleen bei der Anlage des Schloßgartens als rahmende Motive er-halten. Schlängelwege — im ersten Gartenplan noch et-was unbeholfen wirkend — durchziehen das zum See-ufer abfallende Terrain. Baum- und Strauchgruppen stehen im Kontrast zu offenen Rasenflächen. Ursprüng-lich waren sie auch an der Rückseite vorhanden, so daß das Bauwerk stärker noch als gegenwärtig in die land-schaftlichen Gartenanlagen eingebettet schien. Sichtbe-ziehungen gehen von hier aus in Gartenräume, auf Bau-werke und Freiplastiken. Andererseits wird der Blick aus der Tiefe wieder auf das »Landhaus« geführt.

Schloß Wörlitz ist ein Putzbau, für dessen gelb-weiße Farbigkeit — hellgelbe Wandflächen und weiße Gliede-rungselemente — Quellenbelege vorhanden sind. Die Fassade gliedert sich in Souterrain, Haupt- und niedriges Obergeschoß. Sockel- und Hauptgeschoß sind durch ein schmales Profilband voneinander abgesetzt; das Oberge-schoß ist etwas niedriger. Den Abschluß bildet ein Pfei-fenfriesgebälk, in das an den Seiten und der Rückseite

»Floratempel in Wörlitz«.
Aquatinta der Chalcographischen Gesellschaft Dessau
von C. Haldenwang nach H. T. Wehle, 1801

die kleinen Fenster des Dachgeschosses eingeschnitten sind, und ein Gesims mit Konsolen und Löwenköpfen. Die Fenster haben eine zurückhaltende Profilrahmung, tragen im Hauptgeschoß Dreieckgiebel, im Obergeschoß jedoch nur Gebälkstücke auf Konsolen. Der elfachsigen Vorderfront ist eine Säulenhalle von edlen Proportionen und feiner Detailausbildung vorgelegt: Eine durch Wangen begrenzte Freitreppe führt bis zur Hauptgeschoßhöhe empor; die vier korinthischen Kolossalsäulen werden vom Gebälk und einem Tympanon bekrönt. Der Grundriß zeigt eine regelmäßige Raumgliederung um den Innenhof, der an Atrien römischer Villen erinnert. Der Eintretende gelangt über den kreisrunden Vorraum in einen schmalen Korridor. In der Längsachse öffnen sich hohe Doppeltüren zum Innenhof, zum Festsaal, und von dort aus ist der Austritt auf die Gartenrampe an der Gebäuderückseite möglich.

Sandsteinfiguren in den Nischen zu Seiten des Einganges — Ceres, die Göttin des Ackerbaus, und Fortuna, die Göttin des Glücks und des Gelingens — sind nicht allein schmückende, gliedernde Architekturelemente, sondern offenbaren zugleich ein geistiges Programm: Wo Ceres sich entfalten kann, wird Fortuna ihre Gaben in reichem Maße spenden, dort, wo das Nützliche die Voraussetzungen schafft, wird auch das Schöne notwendig und vorhanden sein. Im Vestibül werden die Assoziationen auf die ideelle Bestimmung des der Allgemeinheit zugänglichen Gebäudes als Heimstatt der Musen und des geistigen Lichtes, als Quelle zur Bildung und Erziehung eines neuen Menschengeschlechtes fortgeführt. Inschriften aus dem anonym erschienenen Buch »Versuche mit Gott zu reden« gemahnen an Wahrheit, Unschuld und Tugend. Bezeichnend für die Ausgestaltung und Ausstattung des Schlosses Wörlitz ist die starke Hinwendung zur antiken Kunst, die ja im bürgerlichen Epochenumbruch als so vorbildlich und nachstrebenswert empfunden wurde. Der Vorraum mit seinen Abgüssen römischer Statuen und Wandmalereien nach antiken Vorbildern setzt darin bereits einen deutlichen Akzent. Im Zentrum steht ein Abguß des Apoll von Belvedere, der nach der begeisterten Würdigung Winckelmanns als beispielhafte Verkörperung idealer Menschengestaltung galt. Auf Apollon, den Musenherrscher und Gottheit des Lichtes und der Ordnung, bezieht sich auch das Bildprogramm der Bibliothek, des Raumes, in dem die aufklärerisch-pädagogischen Anliegen ihren tiefsten Ausdruck finden. Eine gemalte Architekturnische zwischen den Wandschränken nimmt in freier Form das Motiv des Schloßvorsaales auf. In ihr ist ein Dreifuß, das Weihgeschenk an Apollon, dargestellt. Die Wandflächen sind in Felder unterteilt, in denen allegorische Figuren auf Musen und Wissenschaften verweisen. Diesen Allegorien wurden Bildnisse antiker, anderer historischer und nicht zuletzt zeitgenössischer Autoren zugeordnet, die auf den verschiedensten Gebieten Bedeutsames geleistet haben. Die Raumgestaltung wird ergänzt durch Reliefs, Deckenmalerei und Plastikschmuck, darunter — sehr bezeichnend für Franz' Gesinnung — Büsten der vier römischen Friedenskaiser.

Neuartig wie die architektonische Gestalt des klassizistischen Schloßbaus ist auch seine funktionelle Gliederung und technische Ausstattung. Schlichte, aber gediegen gearbeitete Holztreppen, die in nichts mehr an die repräsentativen Treppenhäuser barocker Schlösser erinnern, stellen die Verbindung zwischen den einzelnen Geschossen her. Die Etage über dem Hauptgeschoß diente der Unterbringung des engeren Kreises der Hofgesellschaft, im Dachgeschoß lagen die zweckmäßig und wohnlich eingerichteten Räume für die Dienerschaft. Im Souterrain befanden sich neben Wirtschaftsgelassen Wohnräume für den Kastellan, für den Kammerdiener und die Kammerfrau des Fürstenpaares. Um Beeinträchtigungen durch die Küchenarbeit zu vermeiden, wurde in einem benachbarten Gebäude gekocht. In seine schloßzugewandte Seite ist ein Sommerspeisesaal mit schöner klassizistischer Gliederung eingefügt worden. Ein unterirdischer Gang stellte die Verbindung zum Schloß her. Bemerkenswert ist neben den Aufzügen für die »Commoditäten« ein Wasserleitungssystem. Die handgetriebene Pumpe englischer Herkunft versorgte auch ein Bad im Souterrain. Wandklappbetten, Wandschränke und gußeiserne Öfen vervollständigen die moderne Ausstattung.

Englische Anregungen mögen hierfür maßgeblich gewesen sein. »In England«, so zitiert Probst Reil den Fürsten Franz, »habe ich Vieles gelernt, wovon man bei uns gar nichts wußte, was wir wenigstens nicht beachten, auch Essen und Trinken, und mit Messer und Gabel umgehen.«

Einheitlichen Prinzipien folgt die Innenraumgestaltung des Schlosses. Im Hauptgeschoß ist der Aufwand selbstverständlich am höchsten, zurückhaltender, aber von klangvoller Schönheit im Obergeschoß mit seinen reizvollen, auf die Wand gemalten Italienveduten, und auch die niedrige Dieneretage entbehrte nicht des künstlerischen Schmuckes. Alle Gestaltungs- und Ausstattungselemente, von der subtilen Raumfarbigkeit und der feingliedrigen Stukkatur höchster Qualität bis hin zu den Wandleuchtern, Kaminaufsätzen, Kamingarnituren und dem Mobiliar sind aufeinander bezogen und fügen sich zu einer vollendet geschlossenen Einheit von Raumkunstwerken zusammen. Glücklicherweise blieb auch die Kunstwerkeausstattung in ihrer originalen Anordnung weitestgehend erhalten. Entsprechend der auf Statik und harmonischen Ausgleich der Bauelemente beruhenden Struktur des Äußeren sind die Räume klar und übersichtlich gegliedert, deren Grenzen im Gegensatz zum barocken Illusionismus deutlich betont. Die Wände über zumeist weiß gestrichenen Holzpaneelen wurden in gerahmte Felder geteilt, mit Stukkaturen und Malereien dekoriert oder großflächig mit grünseidenen Moiré-Damasten versehen. Von den alten Tapeten haben sich leider nur die in den Chinesischen Zimmern erhalten, die anderen stammen aus dem 19. beziehungsweise von Erneuerungen des 20. Jahrhunderts. In die dunkle Zone der Fensterpfeiler sind, von Wandleuchtern begleitet, große Spiegel eingefügt worden, die sich oft auch auf den Kaminwänden gegenüber finden und so die Räume optisch erweitern. Eine besonders schöne Raumwirkung ergibt sich aus der Enfilade, dem Durchblick durch eine Zimmerflucht bei geöffneten Türen. Und die hohen Fenster gestatten, vor allem in den Eckräumen, eine eindrucksvolle Korrespondenz zwischen Innen und Außen.

Funktion und räumliche Situation der Zimmer wurden von Erdmannsdorff bei der Gestaltung und Ausstattung mit Kunstwerken der verschiedenen Gattungen in diffe-

»Nimphäum zu Wörlitz«.
Kolorierte Radierung von C. A. Günther, um 1790

renzierter, architektonische Wirkungen genau abwägender Weise bedacht. Der langgestreckte Speisesaal mit einer säulengetrennten Anrichtenische, gleichzeitig Porträtgalerie der Vorfahren des Bauherrn, besticht trotz der Dekorationsfülle durch seine heiter-klare Eleganz; die Eckräume — darunter das Musikkabinett mit entsprechenden antikisierenden Darstellungen — durch ihre Lichtheit und Anmut, durch die ebenso aufwendigen wie zarten Stukkaturen und feinen Malereien an Wänden und Decken. Ein hoher, stuckmarmorverkleideter Festsaal, in dem sich eigens für Wörlitz angefertigte Kopien nach Carracci-Malereien der römischen Villa Farnese befinden, ist kraftvoller, aufwendiger in seiner Ausgestaltung. Die vielteilige, stark farbige Dekoration des intimen Kabinetts und des Schlafzimmers der Fürstin bezieht sich, der Funktion entsprechend, auf den Mythos der Göttin der Schönheit und Liebe Venus beziehungsweise auf die Thematik Schlaf und Erwachen, Liebe und Ehe. Hier ist, wie später dann auch in der Villa Hamilton, das Vorbild der Antike besonders deutlich. In der Dekoration des fürstlichen Schlafzimmers schließlich wird ein Bildprogramm entwickelt, mit dem wohl auf den Fürsten Franz als Landesoberhaupt angespielt wird, denn es finden sich darin zahlreiche Attribute und Motive aus der Mythologie der obersten antiken Gottheit, des Jupiter.

Die Möbelensembles, von dem Tischler Irmer und dem Bildhauer Ehrlich zumeist nach Erdmannsdorffs Vorstellungen geschaffen, fügen sich harmonisch in das Ganze ein. In Anlehnung an Chippendale und unter dem Einfluß des für die gesamte Raumgestaltung inspirierenden Stils Robert Adams gelang hier erstmals so umfassend in Deutschland der Durchbruch zum Klassizismus. Auch die kostbare Roentgen-Möbelgarnitur, deren Intarsienmotive der Architekt wahrscheinlich selbst entworfen hat, steht am Anfang dieser neuen künstlerischen Epoche. Unmittelbar aus England, aus der aufblühenden Wedgwood-Manufaktur, stammen die vielfach antikisierenden Keramiken. Sie schmücken in großer Zahl die Kaminsimse. Der reiche Gemäldebestand geht zum Teil auf die Erbschaft der Oranierin Henriette Catharina, der Urgroßmutter des Fürsten Franz, zurück. Nicht wenige wurden aber auch in Italien unmittelbar für die Ausstattung des Schlosses erworben oder in Auftrag gegeben. Werke der niederländischen Meister Rubens, Wouwerman, Ruisdael und Avercamp befinden sich ebenso darunter wie Arbeiten der Italiener Canaletto, Locatelli und Zuccarelli. Die französische Schule ist beispielsweise mit Gemälden von Vernet und des preußischen Hofmalers Pesne vertreten, auch die deutsche, unter der die großformatigen Bilder der Klassizisten Hackert herausragen. Kopien berühmter Werke, die man genießen, im Sinne des pädagogischen Kulturprogramms in Wörlitz vielen Menschen vor Augen führen wollte, ergänzen den Gemäldebestand. Und immer wieder ist es die verehrte Antike, auf deren Kunstleistungen man hingelenkt wird — in gemalten und stukkierten Dekorationen, in Gipsabgüssen, in qualitätvollen verkleinerten Bronzenachbildungen römischer Statuen von Zoffoli, in Antikenkopien Cavaceppis und nicht zuletzt in einer bemerkenswerten Zahl antiker Originale, die alle zum ursprünglichen Ausstattungsprogramm gehören.

Es liegt nahe, daß von dem epochemachenden Wörlitzer Schloßbau, dem Gründungswerk des deutschen Klassizismus, wie natürlich auch von anderen Schöpfungen Erdmannsdorffs starke Anregungen auf die Architekturentwicklung des späten 18. Jahrhunderts ausgingen. Die Wirkung Erdmannsdorffs beschränkt sich allerdings nicht auf einige unmittelbare Nachfolgebauten, die vom Schloß Wörlitz angeregt wurden. Bedeutsam ist sein Einfluß vor allem auf den Berliner Architektenkreis gewesen, hat der Baumeister doch 1787 bis 1789 eine Zimmerflucht des Berliner Schlosses ausgebaut und das Arbeits- und Schlafzimmer Friedrich II. im Schloß Sanssouci umgestaltet. Friedrich Gilly, der spätere Lehrer Karl Friedrich Schinkels, der Bildhauer Johann Gottfried Schadow und der Architekt Carl Gotthard Langhans ka-

men mit ihm in Berührung und wurden durch ihn angeregt. So ist Friedrich Wilhelm von Erdmannsdorff, der im Geiste der Aufklärungsideologie und in Opposition zu den architektonischen Ausdrucksformen des höfischen Spätbarock gebaut hat, Wegbereiter für den deutschen Klassizismus und die moderne bürgerliche Architekturentwicklung geworden.

»Das Schloß zu Wörlitz stand da im Schmucke Griechischer Baukunst. Garten und darin angebrachte Gebäude sprachen aus, wie sehr der Urheber sich die Kenntnisse seiner Zeit zu eigen zu machen gewußt, und seine Talente dadurch zu schönen Schöpfungen ausgebildet. Zufrieden, in seinem Werke sich selbst der Mitwelt gezeigt zu haben, faßte er jetzt den Entschluß, sich aus derselben gleichsam zurückzuziehen, und in der Mitte seiner ruhmvollen Vorfahren mit der Vorwelt sich selbst zu leben. Er erbauete das Gothische Haus und versammelte darin um sich alles, was dazu dienen konnte, seinen Geist in die Vorwelt zu versetzen.« Mit diesen Worten schildert der Kabinettsrat August von Rode die Intentionen des Fürsten Franz bei der Errichtung eines Hauses im Gotischen Stile. Als 1773 die Arbeiten am Schloß Wörlitz zu Ende gingen, begann man noch im gleichen Jahr das Wohnhaus des Gärtners Schoch durch einen Neubau zu ersetzen. Bis 1813 währte, infolge mehrerer Erweiterungen, die Bautätigkeit. Beschreibungen Rodes und anderer Zeitgenossen, auch alten Ansichten ist die Einbindung des unregelmäßigen Ensembles in die umgebenden Gartenanlagen zu entnehmen. Durchfährt man mit der Gondel vom See her den beschatteten Wolfskanal, so bietet sich an einer Biegung der überraschende Anblick des Gebäudes. Es liegt leicht erhöht über einer durch Buschwerk belebten Rasenfläche. Die Gartenseite mit ihrer erhaben wirkenden Koniferenbepflanzung des 19. Jahrhunderts besaß anfangs einen anderen, wieder ökonomisch bestimmten Charakter: Hier gab es Gruppen von Obst- und Ziergehölzen, die von Gesträuchen eingefaßt waren. Auf der Wiese weideten Kühe, ein Kleediemen stand in der Nähe, und unweit ist später ein Kuhstall in neugotischen Formen errichtet worden.

Auch für das Gotische Haus und die Neugotik in Anhalt-Dessau insgesamt waren die Eindrücke der England-

Reisen bestimmend geworden. Der »pittoreske Stil« hatte hier einen bedeutenden Einfluß gewonnen. In den Landschaftsgärten entstanden neugotische Einsiedeleien, Kapellen, Hirtenhäuschen, künstliche Ruinen in großer Zahl. Der Gotische Tempel der Freiheit im Garten zu Stowe zeigt Formen, die anregend auf die Gestaltung der Gartenseite des Wörlitzer Hauses gewirkt haben mögen. Als Franz und Erdmannsdorff 1763/64 in England weilten, schlossen sie möglicherweise Bekanntschaft mit dem hervorragenden Architekten und Gartengestalter William Chambers. Dessen 1771 errichtetes Gotisches Haus in Milton-Abbey/Dorsetshire haben sie jedoch vor Baubeginn des Wörlitzer Gebäudes nicht sehen können. Während ihrer England-Reise besuchten sie wahrscheinlich auch den Politiker und Schriftsteller Sir Horace Walpole, in dessen Auftrag ab 1748 »Strawberry Hill« in Twickenham geschaffen wurde, ein Landsitz mit gotisierenden Elementen — einem zinnenbekränzten Wachturm, farbigen Fensterscheiben und neugotischer Möbelausstattung. Durch Vorlagenbücher war die Wiedererweckung der Gotik in England kurz vor der Mitte des 18. Jahrhunderts wesentlich unterstützt worden. In ihnen sind vielfach chinesisches, orientalisches, klassizistisches und gotisches Formengut vermischt. Batty und Thomas Langleys frühes Werk »Gothic Architecture ...« aus dem Jahre 1742, in dem gotische Elemente in ein klassizistisches Bausystem eingebunden sind, erlangte auch für die anhaltische Neugotik praktische Bedeutung.

Das Gotische Haus in Wörlitz ist nicht das erste Beispiel für die Verwendung gotischer Formen in der deutschen Architekturgeschichte des 18. Jahrhunderts. Vorangegangen war 1755 die Errichtung des Nauener Tores in der friderizianischen Residenzstadt Potsdam. Es entstand unter direktem englischem Einfluß und belegt als erstes Bauwerk das »Gothic Revival« auf dem Kontinent, also das Wiederaufleben der Gotik. Die Neugotik des Nauener Tores hatte in Deutschland jedoch keine Nachfolge. Diese Bedeutung erlangte erst das Gotische Haus in Wörlitz. Es brachte den entscheidenden Anstoß für weitere neugotische Bauwerke in den Gärten des späten 18. Jahrhunderts, zumeist kleine Gebäude und Parkkulissen. Neugotisch wurde während der zweiten Hälfte des 18. Jahrhunderts außer in Anhalt-Dessau auch in den Residenzen Berlin-Potsdam, Kassel, Weimar und Wien gebaut. Für diese Bauten und ebenso für das Wörlitzer Gotische Haus ist bezeichnend, daß von dem reichen heimischen Architekturerbe kaum Anregungen ausgingen, obwohl Friedrich August Krubsacius bereits 1749 auf die Bedeutung der gotischen Marienburg hingewiesen und sich für deren Erhaltung eingesetzt hatte. Auch Goethes Hymnus »Von deutscher Baukunst«, 1772, über das Straßburger Münster und seinen vermeintlichen Erbauer Erwin von Steinbach wurde zunächst nicht beachtet. Denn noch galt der »gotische Geschmack« als etwas Negatives, Regelloses. Erst gegen 1800 zeichnete sich im Zusammenhang mit der Hinwendung zur deutschen Gotik des Mittelalters eine Neubewertung dieses Stils ab. Jetzt fanden auf der Berliner Akademieausstellung 1795 die ein Jahr zuvor geschaffenen Blätter der Marienburg von Friedrich Gilly begeisterte Aufnahme. Ebensolche Wirkung war einem literarischen Werke vergönnt, Wilhelm Heinrich Wackenroders Schrift »Herzensergießungen eines kunstliebenden Klosterbruders« von 1797. In der Folge wandelte sich die empfindsame, an den Landschaftsgarten gebundene und stark von England beeinflußte Auffassung der Gotik zu einer romantisch-historischen. Sie erhielt starke Impulse vom erwachenden bürgerlich-nationalen Geschichtsbewußtsein, vor allem dann während der antinapoleonischen Befreiungskriege. Die künstlerischen Leistungen der Vergangenheit wurden im patriotischen Sinne als Denkmale der eigenen Geschichte neu gesehen und bewertet. Von dieser Entwicklung zeugen nicht zuletzt Bauwerke in Berlin und Potsdam. Nun wird auch der Kirchenbau, bislang ohne Bedeutung, zur bevorzugten Aufgabe. 1797 war die neugotische Kirche in Paretz entstanden, 1803 bis 1809 wurde die katholische Kirche im Landschaftspark Ludwigslust errichtet, und auch der zwischen 1805 und 1809 aufgeführte Neubau der Wörlitzer Kirche ist ein Beispiel, das am Anfang des historisierenden Sakralbaus im 19. Jahrhundert steht.

Als 1773 und 1774 das Hauptgebäude des Gotischen Hauses errichtet wurde, wählte man, vielleicht unter Erdmannsdorffs Einfluß, zunächst ein italienisches Bauwerk, die Fassade der bedeutenden gotischen Kirche Santa Maria dell'Orto in Venedig, zum Vorbild. Erdmannsdorff und Fürst Franz kannten die Lagunenstadt und hatten sie lieben gelernt. Es mag sein, daß hier bereits Reiseerinnerungen nachgestaltet, im kulturpropagandistischen Sinne gewirkt werden sollte. Obwohl Erdmannsdorff dem Klassizismus den Vorrang gab und die weitere Ausführung des Gotischen Hauses wohl dem fürstlichen Baudirektor Georg Christoph Hesekiel übertragen wurde, ist beim Anbau des Neuen Turmes seine Mitwirkung belegbar. Ebenso weist die klassizistische Klarheit der Deckenstrukturen und der Wandgliederungen, in die gotisierende Elemente dekorativ einbezogen beziehungsweise eingefügt sind, zumindest auf seinen starken Einfluß hin. Entsprechend dem basilikalen Kirchentypus ist die Fassade am Kanal dreigeteilt und durch fialenbekrönte Strebepfeiler gegliedert. Gesimse, Blendarkaturen und Bogenfriese, weiß von den ockergelben Mauerflächen abgesetzt, begleiten die Dachschrägen und schlie-

»Der Stein zu Wörlitz«.
Aquatinta der Chalcographischen Gesellschaft Dessau von K. Kuntz, 1797

ßen den Schaugiebel ab. Die Mittelachse besonders betonend wurden die Eingangstür und die beiden Rundfenster darüber ebenfalls dekorativ gerahmt.

Durch die Rundfenster erhält der vordere Raum im Obergeschoß seine Beleuchtung. Vor dem späteren Anbau des Bibliothekzimmers am Rittersaal wurde hier die fürstliche Büchersammlung des Gotischen Hauses aufbewahrt. In die verglasten Schranktüren sind Kupferstiche nach den berühmten Grotesken-Malereien Raffaels in den Loggien des Vatikans eingelassen, die ja Erdmannsdorff stark beeinflußt haben. Die Bezeichnung »Fruchtkammer« stammt von dem dort aufbewahrten »Pomologischen Kabinett«, der um 1800 durch das Landes-Industrie-Comptoire Bertuchs in Weimar vertriebenen und heute noch vorhandenen Sammlung von Obstnachbildungen in Wachs — ein interessanter Beleg für das ökonomisch motivierte Interesse am Obstbau in Wörlitz und im Gartenreich. Im Erdgeschoß befinden sich Decken- und Wanddekorationen aus dem 1572 bis 1580 durch Rochus von Lynar und Peter Niuron errichteten Teil des Dessauer Schlosses. Aus Anlaß des Knobeldorff-Umbaus

gegen 1750 entfernt und zusammen mit anderen Fragmenten später in die Ausstattung des Gotischen Hauses eingefügt, stellen sie heute ein wertvolles Zeugnis der Baugeschichte des weitgehend zerstörten Schlosses dar. Dieser Einbau weist auf eine frühe, für Wörlitz und nicht zuletzt für das Gotische Haus sehr charakteristische Wertschätzung solcher alten Kunstleistungen hin.

In den Rentkammerrechnungen des Jahres 1774 waren auch Arbeiten an Wandmalereien im Kirchensaal verzeichnet. Bei der Erweiterung des Gotischen Hauses ist das spitzbogige Doppelfenster als Durchgang umgestaltet worden, die neugotische, dekorativ gliedernde Wand- und Deckenmalerei blieb jedoch erhalten. Grisaille gemalte Nischenfiguren, Kirchenväter, muten in ihrer Bewegtheit noch barock an, an den anderen Wandflächen sind in gedämpften Farben berühmte gotische Kirchen und Ruinen aus England, Italien und Frankreich, die man sicher während der ausgedehnten Reisen gesehen hatte, wiedergegeben. Die etwas dämmrige Stimmung des Raumes dürfte recht bezeichnend sein für den Charakter des Gebäudes mit seinen klösterlich-ritterlichen Räumen, die den Geist des Mittelalters, so wie man ihn damals verstand, heraufbeschwören sollten.

Da sich Fürst Franz bei seinen häufigen Wörlitz-Aufenthalten oft ins Gotische Haus zurückzog, da sich seine Kunstsammlungen mehrten, entschloß er sich, das ursprünglich als Gärtnerwohnung errichtete Bauwerk zu erweitern. Schrägwinklig zur Gartenseite hin wurde deshalb 1785 und 1786 ein langgestreckter Trakt angefügt, der in einem Querriegel endet. Ein achtseitiger Treppenturm an der Südwestseite des alten Gebäudes stellte nun, statt einer kleinen Innentreppe, den Zugang zu den oberen Räumen her. Der asymmetrische, verwinkelte Grundriß des Komplexes sollte damit wohl dem Aussehen mittelalterlicher Bauten in England entsprechen. Auch in der gesamten Außengestaltung orientierte man sich, im Gegensatz zur »italienischen« Kanalfront, an englischen Eindrücken. Weiße Putzgliederungen kontrastieren mit dem Dunkelrot des Backsteins, Bogenformen und Ornamentik erinnern an gotische Bauten des Inselreiches. Horizontale Gesimselemente, ebenso die seitlichen geschwungenen Giebel verweisen vor allem auf die letzte Phase der englischen Gotik, auf den nach der herrschenden Dynastie benannten Tudorstil im ausgehenden 15. und im 16. Jahrhundert, als bereits Renaissanceeinflüsse wirksam wurden. Giebelaufsätzen, Fialen und aufragenden Schornsteinen verdankt die Dachzone ihre bewegte Gliederung.

In die Jahre 1787 und 1788 fällt der Anbau zweier Pavillons am Wolfskanal. Alte Ansichten zeigen neben der Spitzbogengliederung noch die ursprünglich freistehenden Zinnenkränze zwischen den Eckpfeilern, auf die wappenhaltende Adler und Bären aus Sandstein aufgesetzt sind. Durch die Pavillons entstanden zu beiden Seiten Höfe, von denen der südliche am Treppenturm, gemeinsam mit einem neugotischen Brunnen und der umgebenden dichten Bepflanzung, ein reizvolles Ensemble bildet. 1789 und im darauf folgenden Jahr wurde an der Nordostseite, zwischen dem quadratischen Ursprungsbau und dem linken Pavillon, der Neue Turm errichtet. Er schafft ein anmutiges Gegengewicht zum Treppenturm auf der anderen Seite. Seiner Gestaltung mit reichen Blendformen und dem geschweiften, spitz auslaufenden Helm liegt eine Zeichnung Erdmannsdorffs in Anlehnung an den spätgotischen Mittelerker des Rathauses von Wrocław (Breslau) zugrunde. Nach einer Unterbrechung von über zwanzig Jahren nahm man 1811 bis 1813 schließlich eine letzte Erweiterung des Gotischen Hauses vor. Die Obergeschosse der rechteckigen Anbauten in den Ecken zwischen Gartenfront und Längstrakt schufen Raum für ein neues Bibliotheks- und ein Speisezimmer. Rundbogengerahmte Wandmalereien mit Ritterdarstellungen schmücken die Außenwände und verleihen den Höfen einen weiteren »mittelalterlichen« Akzent.

Besonders bemerkenswert ist die Gestaltung der Räume im Gotischen Haus, denn nicht allein das Äußere, sondern auch das Innere folgt den neuen Stilprinzipien. Dabei klingen die vielgestaltigen neugotischen Dekorationselemente an Fenstern, Türen, Paneelen, Decken und Fußböden mit klassizistischen Strukturen in einer ausgewogenen Einheit zusammen — sehr deutlich sichtbar vor allem in den phantasievollen Deckengliederungen: Die klare Rahmung ornamental und figurativ bemalter oder mit Kupferstichen versehener Felder wurden vielfach mit gotisierender Stuckornamentik verbunden;

mitunter aber treten hier auch klassizistische Ranken- und Girlandenmotive Erdmannsdorffscher Prägung in Erscheinung. In der Verzierung der Fußböden mancher Zimmer findet die Deckengestaltung einen schönen Widerklang. Und auch die eigens für die Ausstattung des Bauwerkes geschaffenen Möbelensembles in ihren variationsreichen, damals ganz neuartigen Formen fügen sich stilistisch ins Raumbild ein. Von außerordentlich beeindruckender Wirkung sind immer wieder die hohen, lebhaft gegliederten und farbig verglasten Maßwerkfenster mit ihren kostbar leuchtenden Glasmalereien.

Ein solches Fenster erstreckt sich über die gesamte Breite des Rittersaales, eines in sich geschlossenen, alle Elemente neugotischer Raumbildung vereinigenden Ensembles, in dem die Ideenwelt, die im Gotischen Haus lebendig wird, einprägsam Gestalt gefunden hat. Das Fenster, in das Scheiben mit Bannerträgern der Schweizer Eidgenossenschaften und die Initialen des Fürsten Franz eingefügt sind, grenzt in seiner Mittelachse an eine dreiteilige holzverschalte Tonnenwölbung. Aufgelegte, vom lichtblauen Grund farblich abgesetzte Rippen, Taue und Schluß-»Steine« imitieren die gotische Wölbung, etwa die des Kapitelsaales eines Karthäuserklosters, an das ein gebildeter Zeitgenosse bei der Besichtigung erinnert wurde. Decke und Fußboden sind mit Sternenornamenten bemalt. Der Saal erhält zusätzliches Licht durch Lünettenfenster über den architektonisch-dekorativ gerahmten Türen der vier angrenzenden Zimmer. Dazwischen, unterhalb einer streng geformten Holzvertäfelung, erstrecken sich auf beiden Längsseiten Sitzbänke. Der Fensterwand gegenüber wurde ein Kamin mit alten eisernen Reliefplatten eingebaut; die reiche Spätrenaissance-Rahmung des Bildes darüber stammt wieder aus dem Dessauer Schloß. Ein reich verziertes gotisierendes Möbelensemble im Zentrum des Rittersaales vervollständigt schließlich die großartige Raumwirkung.

Von Beginn an war beim Bau des Gotischen Hauses daran gedacht worden, daß es künstlerische Zeugnisse

»Schloß Wörlitz«.
Aquatinta der Chalcographischen Gesellschaft Dessau von K. Kuntz, 1797

»Das gothische Haus zu Wörlitz«.
Aquatinta der Chalcographischen Gesellschaft Dessau von K. Kuntz,
1797

vergangener Zeiten aufnehmen sollte. August von Rode verzeichnete in seiner 1818, ein Jahr nach dem Tode des Fürsten erschienenen Beschreibung eine beinahe unübersehbare Zahl von Gemälden und Grafiken, welche die Wandflächen völlig bedeckten, von Waffen und Rüstungen, kostbaren alten Möbeln und kunsthandwerklichen Arbeiten. 1926/27, nach dem Volksentscheid über die Fürstenabfindung im Land Anhalt, ist ein Teil des Bestandes vom ehemaligen Herzoghaus verkauft worden, ein anderer wurde zur Begründung der Anhaltischen Landesgalerie abgegeben und befindet sich heute in der Staatlichen Galerie Dessau, Schloß Georgium. Die Auslagerungen im Zweiten Weltkrieg brachten weitere Verluste mit sich, an Möbeln etwa und auch an den von Johann Georg II. beim Entsatz von Wien erbeuteten türkischen Trophäen, die im Gang zum Rittersaal untergebracht waren. Bei seiner Beschreibung des Gotischen

Hauses hatte August von Rode den Versuch unternommen, Gemälde unbestimmter Herkunft bekannten Künstlern zuzuschreiben. Bis heute ist jedoch die Autorschaft verschiedener Arbeiten unsicher. Etliche Gemälde stammen aus der oranischen Erbschaft der Fürstin Henriette Catharina — Werke von Honthorst, aus der van-Dyck-Schule, wohl auch die von Janssens und Palamedesz. Unter den italienischen Bildern wäre ein Porträtgemälde Tintorettos hervorhebenswert. Besonderen Wert besitzt die kleine Sammlung von Originalen Cranachs, Pencz', Bruyns und Krodels aus der Zeit der frühbürgerlichen Revolution, die durch gute Kopien solcher »altdeutschen« Tafeln noch ergänzt wird. Das Vorherrschen von Bildnissen liegt in Franz' Hinwendung zur Geschichte seines traditionsreichen, mit anderen Herrscherhäusern verwandtschaftlich verbundenen Geschlechtes begründet. Hinzu kam ein starkes Interesse an physiognomischen Studien, das der Schweizer Prediger und Gelehrte Johann Caspar Lavater geweckt hatte. Bei einem Besuch 1786 ritzte er auf einer Scheibe folgende, nicht besonders elegante, aber für die Beweggründe des Kunstsammelns bezeichnende Verse ein: »Ihr Denkmal alter Kunst und Gottvertrauter Zeiten! / Bewundrung, Wemuth, Muth und Hoffnung sehn Euch an / Zwar Kunst und Zeiten hin / Doch zeigt Ihr uns in Weiten / Was frommer Menschheit Fleiß und ernste Tugend kann.«

Lavaters Vermittlung ist auch der Erwerb von über 200 Glasgemälden deutscher, französischer, flämischer und vor allem schweizerischer Herkunft zu verdanken. Der Umstand, daß man zu dieser Zeit auf Grund rationalistisch-puritanischer Strömungen in der Schweiz auf den Glasgemäldeschmuck verzichtete, ermöglichte den Ankauf in solchem Umfang. Auch Goethe hat damals eine kleine Kollektion alter Scheiben erworben, später ebenfalls der Freiherr vom Stein und Fürst Pückler in Branitz; und in London fand 1802 zum ersten Male eine Ausstellung mittelalterlicher Glasmalerei statt. Die Namen vieler bedeutender Schweizer Meister dieses hochspezialisierten Kunstzweiges wurden als Schöpfer benannt, und so läßt sich hier in der Wörlitzer Sammlung, die neben einer englischen als die umfassendste außerhalb des Ursprungslandes gelten kann, die Entwicklung der Kabinettscheibenmalerei vom endenden 15. bis zu ihrem Ausklang im 17. Jahrhundert deutlich verfolgen.

Dem Erwerb von altdeutschen Tafeln, von Glasmalereien, der Bewahrung von Teilen der Ausstattung aus dem alten Dessauer Schloß, zu der auch ein großes allegorisches Deckengemälde im Gartensaal gehört, mögen sehr persönliche Interessen des Fürsten zugrunde liegen. Entscheidend jedoch ist, daß der hohe Denkmalwert solcher Kunstleistungen erkannt, eine Sammlung zusammengebracht wurde, die sich von den traditionellen fürstlichen Kunstkabinetten und Schloßausstattungen unterscheidet und einen für die Zeit neuen, ganz eigenen Charakter besitzt. Der sich auf die Größe antiker Kunst rückbesinnende frühklassizistische Schloßbau entstand

gleichsam als Selbstdarstellung und zugleich mit einem öffentlichen Bildungsanspruch. Dagegen galt Franz das Gotische Haus eher als privates Refugium, wenngleich bei seiner Abwesenheit Interessenten die Besichtigung ebenfalls möglich war. Hierhin zog er sich zurück, um »in der Mitte seiner ruhmvollen Vorfahren mit der Vorwelt sich selbst zu leben«. So wurden Schloß und Gotisches Haus zu gebauten Sinnbildern widersprüchlicher Tendenzen im Wesen und Wirken des Landesherrn: Einerseits das ernsthafte Streben, in der historischen Epoche der bürgerlichen Revolution die Ideen der Aufklärer ernst zu nehmen, in gesellschaftlichen Reformen zu realisieren und nicht zuletzt mit den Mitteln der Kunst zu propagieren — andererseits eine sich verstärkende Hinwendung zur Religion, ein trotz aller Aufgeklärtheit ganz selbstverständliches Beharren auf den überlieferten Machtverhältnissen, die der Philanthrop Franz jedoch immer als tolerante, dem Wohl des Gemeinwesens dienende Herrschaft verstand. Für den Bauherrn des Gotischen Hauses ist die Versenkung in die Geschichte, die Beschwörung des versunkenen Mittelalters keine Angelegenheit sentimentalisch-erbaulichen Vergnügens exklusiver Hofgesellschaften gewesen, wie das beim »Hameau«, einem 1783 bis 1785 künstlich angelegten Dorf der französischen Königin Marie Antoinette in Petit-Trianon des Parkes Versailles, der Fall war. Das Gotische Haus galt ihm als Abbild und Vergegenwärtigung ideal erträumter Zustände einer vergangenen Welt. Dabei weist die landwirtschaftliche Nutzung der umgebenden Gartenpartie durchaus wieder auf Realitätssinn und Praxisorientierung hin. So ist das Gotische Haus nicht nur ein architekturgeschichtliches Denkmal ersten Ranges mit großer Vorbildwirkung geworden, sondern auch ein beredtes Zeugnis der ideologischen Strömungen zu Beginn des bürgerlichen Zeitalters.

Blick vom Kirchturm auf das Nymphäum und die Gartenanlage

*

Blick vom Nymphäum auf die Rückseite des Schlosses

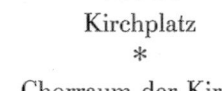

Pergola am Eisenhart mit Gipsabguß des Betenden Knaben

Platanengruppe auf der Großen Wiese
*
Gellert-Büste im Labyrinth

Detail des Küchengebäudes
*
Sommerausstellung in der Galerie am Kirchplatz

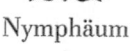

Blick durch den Wolfskanal zum Venustempel

*

Blick von der Luisenklippe zum Venustempel

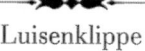

Floratempel und Blumentheater
*
Blick vom Floratempel zum Gotischen Haus

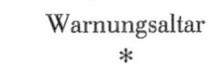

Detail von der Gartenseite des Gotischen Hauses
*
Gartenseite des Gotischen Hauses

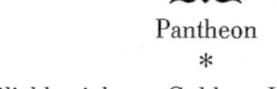

Denkstein auf einem »Eiland« im Großen Walloch

*

Wachhaus zum Pferde

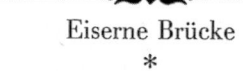

Luisium

Mit den Wörlitzer Anlagen in ihrer gestalterisch-ideellen Einheit von Gartenkunst, Plastik und Architektur war ein epochemachendes Ensemble entstanden, das auf andere Landschaftsgärten des ausgehenden 18. Jahrhunderts vielfach anregend wirkte, auf die bedeutenden Schöpfungen in Weimar und in Potsdam etwa, natürlich aber auch vorbildlich wurde für diejenigen in Anhalt-Dessau selbst.

Ganz eigene Züge besitzt der bereits recht früh angelegte Luisiumpark östlich von Dessau. Zwar bezog der ausführende Gärtner Johann Friedrich Eyserbeck auch hier ein Gewässerstück, Plastiken, klassizistische, neugotische und romantisierende Bauten in die Gestaltung ein, schuf vielfältige Blickbeziehungen, doch die landschaftlichen Besonderheiten, vor allem aber das aus vorangegangenen Arbeiten Vorgefundene schufen von vorn herein eigene Bedingungen. Überzeugend, meisterhaft wurden diese Gegebenheiten im kontrastierenden Miteinander von Intimität des hochstilisierten Gartens und achsendurchdrungener Weiträumigkeit der Umgebung miteinander verbunden. Umfangreiche Rekonstruktionen ließen diesen großartigen Zusammenklang jetzt neu erstehen.

. Der Vogelherd, seit 1780 nach der Gemahlin des Fürsten Franz Luisium benannt, ist im Auengebiet der Mulde gelegen, nicht weit entfernt vom Tiergarten, eines durch seine landschaftsgestalterische Gliederung heute noch beeindruckenden ehemaligen Jagdgebietes. Schon 1728 gab es im Vogelherd einen Obstgarten, der längere Zeit erhalten blieb. 1753 kaufte Fürst Dietrich das Besitztum für den jungen Erbprinzen, ließ ein Schlößchen und andere kleine Bauten errichten und einen Garten anlegen. Bei der Vermählung des Fürsten Franz 1767 wurden einige Instandsetzungsarbeiten ausgeführt, und ab 1774, als Schloß Wörlitz bereits eingeweiht war, begann man nach den Plänen Erdmannsdorffs einen neuen Schloßbau aufzuführen. Seit 1780 etwa ist der Garten grundlegend umgestaltet worden. Verschiedene Plan-

zeichnungen zeigen, wie die Vorstellungen des Fürsten Franz und Erdmannsdorffs allmählich ausreiften.

Zum ältesten Teil des Luisiumkomplexes gehört die vom Südwesten auf den Garten zuführende Lindenallee. Im vorderen Teil tritt die Jonitzer Hutung, Reihenpflanzungen von Eichen, dicht an die Allee heran. Später fängt sich der Blick öfter an kleineren Gruppen von Bäumen, wird überraschend auf das entfernt liegende Schloß gelenkt, weitet sich dann, um gleich wieder auf die links in leichtem Bogen heranführende Bruchsteinmauer des Kanalwalls zu treffen, die am Tor zum Garten einmündet. Das Tor durchschritten, erblickt man rechts ganz nahe, am Ende des Kanals, einen Faunbrunnen. Das Wissen um die mythenumwobene Faungestalt, jenes antiken Halbgottes, dessen Flötenspiel das Rauschen der Bäume durchdrang und das Plätschern der Waldbäche übertönte, erweckte sogleich poesievolle Stimmungen, entrückte in eine gesteigerte Empfindungswelt, die empfänglich machte für die künstlerisch geformten Bilder und von Hölderlin gepriesenen Schönheiten des Gartens. Der Besucher kann sich sogleich nach links wenden, wo zwei Hermen den Zugang zum Weg eröffnen, der den alten Muldearm begleitet und am Schloß endet. Geradezu aber durchzieht eine dicht mit Taxus unterpflanzte Allee den Garten, öffnet sich in axialer Quersicht zum Gartengebäude auf der einen, zum Blumenhaus und weiter zum Gestüt auf der anderen Seite hin und gibt dann den Blick auf das Schloß frei. Am nördlichen Tor führt die Allee endlich in eine Wiesenfläche hinaus, die von einem Wall begrenzt und von Bäumen gerahmt ist.

Doch die räumlichen Beziehungen zwischen Garten und Landschaft greifen noch über diese pulsierenden Gestaltungsmotive hinaus. Man muß an der Nordseite des Schlosses stehen, über den Halbkreis der abfallenden Rasenfläche blicken, um die besondere Wirkung der von hier ausgehenden Tiefenzüge zu erleben. Drei Strahlen, ehemalige Jagdwege, führen weit in die Landschaft hinaus: die westliche Walderseeallee, die östliche Kohlhauallee und die mittlere Saugartenallee. Diese Mittelachse findet südlich des Schlosses eine Fortsetzung über das Wasser hinweg, am Pegasusbrunnen vorbei durch den Garten. Sie mündet am Obeliskturm der Jonitzer Kirche, den Fürst Franz, der in den letzten Lebensjahren im Schloß Luisium wohnte, als gemeinsame Grabstätte für seine vor ihm verstorbene Gemahlin und sich selbst bestimmt hatte. Folgt man im Norden der Saugartenallee in den ursprünglich abgezäunten Wildpark, so grenzen zuerst nahe herangeführte Pflanzungen den Weg ein. Überraschend öffnet sich der Landschaftsraum. Ausgedehnte, in Bodensenken und Gräben modellierte und mit prachtvollen Solitäreichen bestandene Wiesenflächen breiten sich aus, und in der Entfernung wird der Blick wieder durch das an die Alleen heranrückende Waldge-

biet gefangen. Die malerischen Bilder des Luisiums sind freier in ihrer Gestaltung, wirken anders im Vergleich zu den assoziativ-literarischen in Wörlitz, denn sie erwachsen im geringerem Maße als dort einem aufklärerischen Ideengehalt, einer volkspädagogischen Absicht. Auch die klassizistischen und neugotischen Bauten im Luisium entsprechen eher dem intimen Charakter der Anlage.

Der ganze Ostteil des Parkes weist in der Regelmäßigkeit mancher Wege noch auf die frühere Obstgartenanlage hin. An seinem Rande liegt ein neugotisches, von vier Ecktürmen gerahmtes Backsteingebäude, wegen der Wasserspeierform oft »Schlangenhaus« genannt. Es erinnert in seinem wehrhaften Aussehen deutlich an ein Bauwerk im Park zu Windsor. Vom Schlangenhaus aus geht eine schmale Sichtbeziehung quer durch die Mittelallee, über den Teich und die Fläche der ehemaligen Blumenanlage am Gartensitz vorbei zum Gestüt, das seit langem in anderer Weise genutzt wird. Seine beiden historisierenden, wiederum englische Anregungen aufnehmenden Gebäude sind bewegt gegliedert; wirkungsvoll kontrastierten auch hier weiße Zierglieder mit dem Rot der

»Luisium von der Seite des Gartens«.
Aquatinta von C. Haldenwang nach H. T. Wehle,
Chalcographische Gesellschaft Dessau, 1799

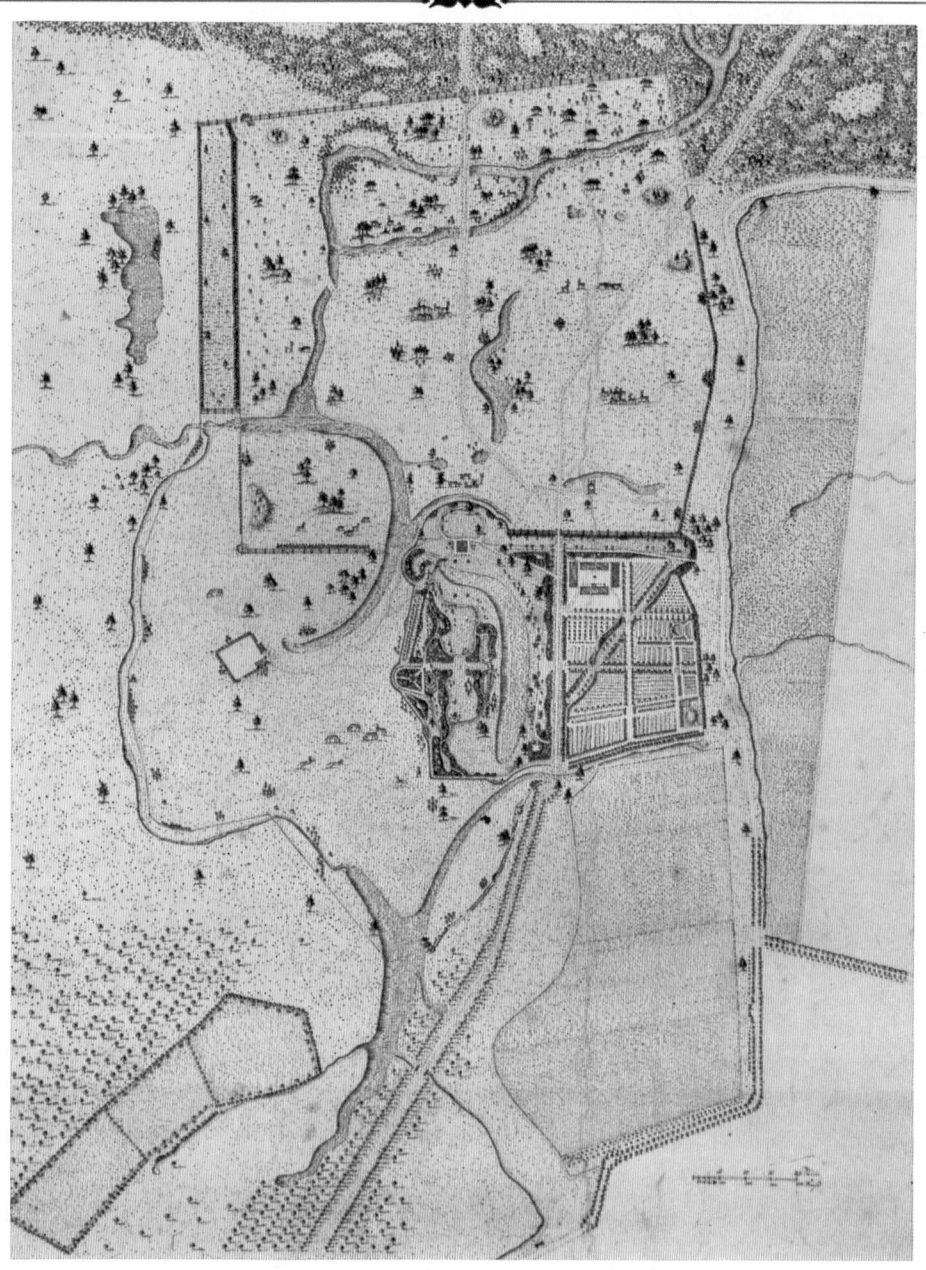

»Das Luisium«.
Planzeichnung von J. Fr. Eyserbeck (?), um 1790

Backsteinflächen. Sandsteinskulpturen wappentragender Männer und eines sich aufbäumenden Pferdes schmükken jene Giebelwand, die in diagonaler Sichtbeziehung dem Schloß zugewandt ist. Eine weiße, das Gewässer in schlankem Bogen überspannende Brücke belebt außerordentlich wirkungsvoll dieses Gartenbild.

Wälle umgrenzen das Luisium auf drei Seiten. Von dem westlichen, niedrigen und leicht geschwungenen Wall bieten sich schöne Aussichten: auf die Wiesenflächen und das Gestüt, durch die mittlere Gartenachse, auf die Brücke und das Schloß. Südlich grenzen heute Ausblicke versperrende Kleingärten an. Ein als Zufahrt ausgebauter höherer Wall schloß von Beginn an die Anlagen nach Osten ab. Der Eingang auf dieser Seite wird von zwei neugotischen Torhäuschen gerahmt. Dahinter erhebt sich ein antikisierendes Ruinentor, durch dessen Bogen — der Kulissenarchitektur in Kew/England mit einem Rundtempel im Hintergrund vergleichbar — das Denkmal einer verhüllten weiblichen Gestalt, wahrscheinlich einer Vestalin, sichtbar ist. Jene jungfräulichen, aus vornehmen Familien stammenden und hochgeachteten Priesterinnen der Vesta, deren Kult eng mit dem Erhalt der Stadt verknüpft war, hüteten das ewige Feuer auf dem Staatsherd. So mag das Motiv von Torruine und Vestalin, bei dessen Betrachtung Winckelmanns Worte von der »Edlen Einfalt und stillen Größe« antiker Kunst in den Sinn kommen, das Reine, Edle, Vertrauenswürdige meinen, bedenkend, daß dies einstmals dem Vergehen anheimfalle, mag sich als Metapher auf Luise, die Gemahlin des Landesoberhauptes, beziehen, der dieser Garten und das sich auf der Gegenseite abzeichnende Schloß gewidmet sind.

Schlicht in seinem Äußeren, zurückhaltend im Schmuck der weißen Zierglieder, doch ausgewogen in seinen schlanken Proportionen erhebt sich, auf sanft ansteigendem Hügel, das Schloß Luisium. Dachgesims und Pyramidendach fassen den Baukörper über quadratischem Grundriß kraftvoll energisch zusammen, finden im Belvedere, der die Grundgestalt des Gebäudes im Kleinen nochmals aufnimmt, einen Abschluß. Beide Hauptgeschosse, Keller- und Dachgeschoß besitzen jeweils die gleiche Höhe. Das lichte Gelb der beinahe gleichwertigen, von Blickbeziehungen aus allen Richtungen berührten Fassadenseiten, die sich nur in Achsenzahl und Betonung der Eingänge unterscheiden, leuchtet weithin. So fügt sich das Landhaus klangvoll in die Intimität des Gartens ein — bezeichnend für Erdmannsdorffs Fähigkeit, räumliche Bedingungen zu erfassen und die Bauwerke in eine Ensemblewirkung einzuordnen. Über welch hohes Gestaltungsvermögen er verfügte, wie variabel seine architektonischen Ausdrucksmöglichkeiten waren, verdeutlicht ein Vergleich mit der virtuosen Fassadengliederung des Orangeriegebäudes am Wirtschaftshof.

Im Herbst 1774 war der Grundstein des Schlosses gelegt worden; etwa vier Jahre haben die Arbeiten am Äußeren und noch länger an der umfänglichen Innendekoration gewährt. Die Ereignisse des Zweiten Weltkrieges brachten es mit sich, daß von der Gemälde- und Grafikausstattung nur wenig erhalten blieb; das originale, in manchen Teilen dem des Schlosses Wörlitz verwandte Mobiliar glücklicherweise in größerem Umfang. Später beherbergten die Schloßräume Ausstellungen zur Gartenkunst und zur Kunst der Goethezeit, doch wegen erheblicher Schäden am Gebäude mußten sie dann geschlossen werden. 1982/83 begannen Arbeiten zur grundlegenden Sanierung des Schlosses: Der Aufbau einer neuen Dachkonstruktion war nötig, es folgte der Außenanstrich in der originalen Farbigkeit, und seitdem gehen auch die aufwendigen Restaurierungsarbeiten im Inneren voran.

Von großem Dekorationsreichtum sind die Räume des Schlosses Luisium geprägt, dem Wörlitzer Bau in der alle Elemente verbindenden Einheitlichkeit entsprechend, aber doch vielteiliger und feingliedriger, zarter und intimer. Lediglich der Erdgeschoßsaal, direkt vom Garten aus oder auf der anderen Seite durch einen Vorraum zu betreten, weist schwerere Formen auf. Kraftvolle Stuckmarmorpilaster sind den Wänden vorgeblendet, ein Deckengesims trägt die von breiten Bändern unterteilte Kassettendecke. Die wegen der Grünfarbigkeit der Pilaster etwas kühle Wirkung des Saales wird durch Reliefs, dekorative und figürliche Malerei auf Wand- und Deckenfeldern gemildert: Themen aus der antiken Mythologie treten hier, wie auch im Stockwerk darüber, vor Augen, ihre Gestaltung orientierte sich an zahlreichen damals bekannten Vorbildern. Heiterer und schwungvoller, teilweise elegant sogar in ihrem Charakter sind die kleineren Räume und Kabinette im Obergeschoß. Immer wieder überraschen die große Erfindungskraft, die Fülle des kleinteiligen stukkierten und insbesondere gemalten Raumschmucks — zugleich beeindrucken die Frische und Lebendigkeit, die maßvoll klare Ordnung des Ganzen. Selbst ein eher dem Raumillusionismus des Rokoko gemäßes Spiegelkabinett fügt sich hier harmonisch ein, denn die Verspiegelung nimmt die strengen Maße und Gliederungen der Fenster auf, wird von phantasievoller Ranken- und Blumenmalerei gerahmt, mit der, vielfach variiert, auch andere Räume verziert sind. In allem aber leben in anmutig gelöster Weise Italien, die verzaubernde, faszinierende Welt der Antike mit ihren erhabenen schönen Werken der Kunst, mit ihren mannigfaltigen Phantasiegestalten, Kulten und Mythen auf.

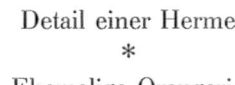

Detail einer Herme

*

Ehemalige Orangerie

Sieglitzer Berg

Noch heute, da die Gebäude und Monumente des Sieglitzer Berges zerstört sind oder verfallen, die Parklandschaft sich zum Wald geschlossen hat, spürt man etwas vom Einsam-Besinnlichen, Melancholie Streifenden dieser Anlage am befestigten Hochufer der Elbe. Ausgewachsene, mitunter mächtige ausladende Koniferen, Fremdlinge im Auenwald, verweisen den aufmerksamen Betrachter darauf, daß hier einst gestaltende Absicht gewirkt hat. »Einfach, ungekünstelt ist die ganze Anlage dieses Berges. Nur die Natur hat geordnet, was die Natur

»Sielitzerberg am Ufer der Elbe«.
Aquatinta von C. Haldenwang nach H. T. Wehle,
Chalcographische Gesellschaft Dessau, 1800

ungeordneter und ungepflegter liegen ließ«, so äußerte sich der Gartenkenner Grohmann 1799 im »Taschenbuch für Gartenfreunde«, und an anderer Stelle charakterisierte er den Sieglitzer Berg mit folgenden Worten: »Die Empfindungen des Herzens, das Interessierende sollte hier genährt und unterhalten werden.«

In den achtziger Jahren des 18. Jahrhunderts dürfte die Anlage in den Grundzügen vollendet gewesen sein. Diesen Zustand gibt auch der Übersichtsplan Rudolf Eyserbecks, eines Sohnes des bedeutenden Gartengestalters in Anhalt-Dessau, wieder. Erst aus den neunziger Jahren allerdings stammen die Eingangsbauten. Auf drei Wegen vermochte man in den Waldgarten zu gelangen, der, um Wildschaden zu vermeiden, umzäunt war — vom Westen

»Verfallenes Monument auf den Sielitzer Berg«.
Aquatinta von C. Haldenwang nach H. T. Wehle,
Chalcographische Gesellschaft Dessau, 1801

über den Kupenwall, auf dem von der Hauptstraße ab-
zweigenden, am Gartenrand durch zwei antikisierende
Torhäuschen flankierten Fahrweg oder auf dem östlichen
Elbwall von Vockerode her. Dieser Dammweg berührt
das Wachhaus Dianentempel, und schon aus einiger Entfernung zeichnen sich die Umrisse des großen neugotischen Tores ab. Ein Bogen überspannt, gerahmt von mit-
telalterlich-wehrhaft wirkenden Rundtürmen, den Weg.
In die Backsteinmauer darüber sind Sandsteinteile aus
dem Dessauer Schloß eingelassen. Andere alte Baufrag-
mente am Mauerwerk des steilen Elbufers, das in der Art
von Burgzinnen aufgemauert war, führten diese Ideen-
verbindung gleich dahinter fort. Der Weg buchtet gelegentlich aus, durch eine Plantanengruppe hervorgehoben, an anderer Stelle mit Gartensitzen versehen, von
denen aus sich eine weite Aussicht über die Elbe bietet.
Endlich gelangt man zum gestalterischen Zentrum der

Anlage. Hier stand, die Säulenfront dem damals noch
ganz nahen Elbstrom zugewandt, in inniger Verbindung
zur Landschaft, die Solitüde. Der 1777 begonnene dorische Tempelbau, dessen wundervoll zarte Dekoration im
Inneren erst 1784 vollendet war, gehörte zu Erdmannsdorffs edelsten Schöpfungen der Kleinarchitektur.

Von der ehemaligen Solitüde, dem das in Resten noch
vorhandene Küchengebäude in Gestalt eines verfallenen
Monuments benachbart lag, strahlten drei Hauptachsen
in das wegedurchzogene Waldgebiet hinaus. Dort, wo
sich Achsen und Wege schnitten, wurde immer wieder
das weiß leuchtende Bauwerk sichtbar. Am Ende des
einen Achsenstrahles stand eine Gedenkurne für den
Grafen Wilhelm von Anhalt, in den beiden anderen fiel
der Blick auf Skulpturen des Waldgottes Faunus, des
Schützers von Viehzucht und Ackerbau, und der Göttin
der Fruchtbarkeit, der Jagd und des Naturlebens Diana.
Solche Plastiken reflektierten den Sinngehalt dieser Anlage, die auch der berühmte Gartenkritiker der Zeit,
Fürst de Ligne, beschrieben und als die lieblichste Gar-
teneinsamkeit bezeichnet hat, die er kenne.

Georgium und Beckerbruch

»Herrliches Frühlingswetter, es ist eine Wonne. Auch wimmeln die Promenaden von schöner Welt, bunt wie Schmetterlinge … Das allgemeine Rendezvous für die Spaziergehenden aller Religionen (denn die Juden spielen jetzt auch eine Rolle) ist Georgengarten. Der dortige Kastellan darf Kaffeegäste bewirten, und der Pavillon beim Orangeriehaus (das Billard) ist ihm dazu eingeräumt«, berichtete im Frühjahr 1815 August Rode seiner Tochter. In den Jahren der Industrialisierung ist die Stadt an den Georgengarten heran-, dann um ihn herumgewachsen und für die Dessauer Bevölkerung immer noch ein vielbesuchter Ort der Entspannung und Erholung. Seit längerem schon hat es Eingriffe in die Anlage gegeben, Bauten gingen verloren, Sichten wuchsen zu. 1963 wurde deshalb begonnen, den Garten schrittweise zu rekonstruieren. Manche der räumlichen Bilder sind wiedererstanden, doch es wird noch vieler Anstrengungen bedürfen, dieses hervorragende Zeugnis der Gartenkunst neu zu erschließen.

1780 begannen die Arbeiten am Georgengarten. Mit der Leitung hatte Johann Georg, ein jüngerer Bruder des Fürsten Franz, den hochbegabten Sohn des in Wörlitz tätigen Gärtners, J. George Schoch, beauftragt. Doch einige Jahre später übernahm Johann Friedrich Eyserbeck diese Aufgabe. Ursprünglich gelangte man auf einer wechselnd mit Pyramidenpappeln und Obstbäumen bepflanzten Allee zu den Anlagen. Am Rosenkranz, einer blumengeschmückten Ausbuchtung mit Ruhesitzen, mündete sie in eine Straße ein, die, nun allein von den lombardischen Pappeln begleitet, zum Beckerbruch hinführt, ein Stück in den Garten eingebunden ist und auf den Pavillon an der Elbe zustrebt. Schon vom Rosenkranz aus geht der Blick über den Versenkten Sitz zum Weißen Bogen. Er stellt die architektonische Verbindung zum Elbpavillon her. Bald gelangt man an den Haupteingang, der sich überraschend in einem Halbkreis öffnet

und dessen Tor von Sphinxen bewacht wird. Hier bot sich in östlicher Richtung eine breite Aussicht über die benachbarten Ackerflächen. Gegen Ende des 19. Jahrhunderts entstand dann an dieser Stelle ein monumentales kuppelüberwölbtes Bauwerk, das Mausoleum für die Herzöge von Anhalt, und der anschließende Mausoleumsgarten. Seit 1958 wird das Gelände als Lehrpark für Tier- und Pflanzenkunde genutzt.

Rechtwinklig zur Straße führt vom Osteingang aus eine gerade Allee in den Georgengarten hinein; sie endete ehemals an einer Nachbildung der antiken Skulptur des Borghesischen Fechters. Zu beiden Seiten der Allee aber schließt sich die von gewundenen Wegen durchzogene »Wildnis« an, in der Eichenbestände dominieren, Findlinge zum Ruhen einladen und die so an »Altdeutsches« erinnern sollte — ein Gestaltungsaspekt, der für das Georgium und den Beckerbruch im Vergleich zu anderen Landschaftsgärten Anhalt-Dessaus besonders charakteristisch ist. Kurz vor dem Ende, am Georgenhaus, öffnet sich die Allee. In den Freiraum zweier von Linden eingefaßter Rechtecke war ein Halbkreis hineingelegt, im Sommer wurden hier Orangenbäumchen zwischen den Pappeln aufgestellt. Die Sandsteinkopien eines Apollo und der Venus Medici von Pfeiffer haben noch ihren ursprünglichen Standort, weisen gemeinsam mit anderen Gartenskulpturen und -bauten auch hier auf die Antikeverehrung der Schöpfer der Anlage und des Bauherrn hin. Zu beiden Seiten begleiten kleine Gebäude das Schlößchen: rechts das wiederhergestellte Haus am Blumengarten, das in seiner Gestalt dem Floratempel in Wörlitz und der ehemaligen Solitüde des Sieglitzer Berges verwandt ist, links das Küchengebäude, von dem heute nur noch die Säulen des Portikus vorhanden sind.

Die Entwürfe für die meisten der Bauwerke stammen von Erdmannsdorff, der ab 1780/81 auch den Sommersitz des Prinzen geschaffen hat. Seit dem Anbau der Seitenflügel 1893 ist dessen Wirkung und Einordnung in den Gartenraum erheblich beeinträchtigt, denn seine weiße Fassade war vordem nur fünf Achsen breit. Pilaster fassen die beiden Stockwerke zusammen. In das Gesims sind die niedrigen Fenster des Dachgeschosses eingeschnitten, ein flacher Dreieckgiebel und der Triglyphenfries heben die Mittelzone risalitartig heraus. Der Giebel stellt die Verbindung mit dem achtseitigen, in seiner Breite auf die Mittelpilaster bezogenen Belvedere her. Auf die Tradition der palladianisch orientierten Baukunst strenger Harmonie weist nicht nur ein Detail wie die typische Fensterformung am Belvedere hin. — Erdmannsdorff orientierte sich beim Bau des Hauses an einem Entwurf Nicolaus Goldmanns, den dieser 1699 in seiner »Zivilbaukunst« veröffentlicht und Hirschfeld dann als Gartenhaus in seine bekannte Publikation aufgenommen hatte. »Nicht Pracht, aber edle Siplicität, mit Geschmack und Nettigkeit verbunden, hat das Innere angeordnet«, meinte Rode 1796 in seiner Beschreibung des Georgiums. Leider hat sich nicht allzuviel von der originalen Gestaltung der wenigen Räume erhalten, die mit Rubens-Kopien, Gemälden von Momper, Netscher, Zuccarelli, Hackert, Antiken und Skulpturen Cavaceppis geschmückt waren. Immerhin ist das Treppenhaus, dessen schlanke Pilastergliederung das Äußere in gewisser Weise reflektiert, in seiner schönen eleganten Wirkung noch erlebbar, ebenso die schwungvolle Gelöstheit der Deckenstukkaturen und ein runder Kuppelraum an der Rückseite, dessen Wände von Nischen und Spiegeln untergliedert sind und der durch Tür und Fenster eine intime Verbindung mit dem Garten besitzt.

Im Jahre 1959 fand die Staatliche Galerie Dessau, 1927 als Anhaltische Gemäldegalerie gegründet, hier eine neue Heimstatt. Ihrem Umfang nach eine Sammlung mittlerer Größe, besitzt sie jedoch Bestände von hervorragender Bedeutung: Werke altniederländischer Meister, der deutschen Spätgotik und Renaissance, niederländischer Manieristen, des holländischen und flämischen Barock, des deutschen Klassizismus, der Frankfurter Malerschule und des 19. und 20. Jahrhunderts. Die graphische Sammlung bewahrt Holzschnitte und Stiche bester Druckqualität von Dürer, kostbare Handzeichnungen der Dürer-Zeit sowie Schweizer und holländischer Meister

Georgium.
Aquarellierte Federzeichnung von F. le Bert de Bar, 1786

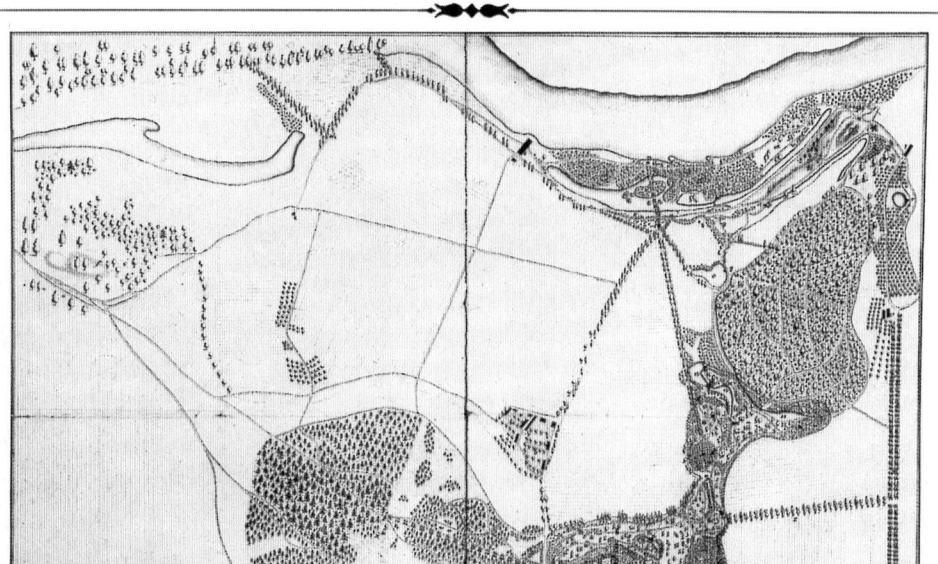

Georgium, Beckerbruch und Streitwerder.
Kupferstich von Rosmaesler nach Klewitz, 1796

des 16. und 18. Jahrhunderts, Architekturzeichnungen der Renaissance, des Barock und des Klassizismus, außerdem zahlreiche andere Arbeiten bis in die Gegenwart. Hier befinden sich auch neben dem zeichnerischen Nachlaß Erdmannsdorffs die Blätter der Chalcographischen Gesellschaft. Die Aufgabe dieser von Erdmannsdorff und dem Fürsten Franz stark geförderten, von 1796 bis 1803 bestehenden Institution sollte es sein, die Kenntnis besonders geschätzter Meisterwerke der Malerei und die Gartenkunst Anhalt-Dessaus in preisgünstigen künstlerischen Reproduktionen und Ansichten zu verbreiten. Bedeutsam für die Kunstpflege in Anhalt-Dessau wurde auch die Berufung des hervorragenden Porträtisten Johann Friedrich August Tischbein als Hofmaler im Jahre 1795. Solche Traditionen verbanden später die Brüder Olivier, bedeutende Maler der Romantik, eng mit ihrer Heimatstadt. Sicher hatte das Erlebnis der Gärten und nicht zuletzt des Georgiums ihre Italien- und Antikebegeisterung geweckt.

Axial zum Eingang des Georgenhauses führt ein Weg auf Gebäude zu, die als Orangerie, Billardsaal und Pferdeställe genutzt und ebenfalls von einem baumbestandenen Halbkreis umschlossen wurden. Westlich davon schließt sich eine Partie an, deren gestalterisches, blickbezogenes Zentrum das Pappelrondell mit einer Dianastatue gewesen ist. Der Küchen- und Obstgarten, wie in Wörlitz und im Luisium in die Zieranlagen eingebunden, schloß sich unmittelbar an. In einem hainartigen Gartenstück steht das den Ruinen des Saturntempels auf dem Forum Romanum nachgebildete Säulenportal. Es bildet den westlichen Abschluß des Gartens, gleichzeitig einen Aussichtspunkt in die Allee nach Kühnau, auf den hell leuchtenden, im Palladio-Motiv gegliederten Amaliensitz. Im Kontrast zum lichten Hain an den Römischen Ruinen entstand nordwestlich eine düstere, beinahe melancholische Stimmungen weckende Partie. Dunkle Weymouthskiefern und Taxus standen dort, Platanen und Robinien breiteten ihre schattigen Kronen aus. Erneut wechselt die Finsternis mit der Lichtheit eines offenen Rasenplatzes. Hier erhebt sich der Säulenbau des Jonischen Rundtempels, dem Wörlitzer Venustempel und den gleichen Vorbildern in Italien und England verwandt. Weitere Sichten aus der Landschaft und aus verschiedenen Teilen des Gartens trafen am Tempel zusammen. Von seiner Stelle aus sieht man halb versteckt hinter den bepflanzten, ausschwingenden Rändern des Rasens das Schlößchen, erblickte in kürzerer Entfernung das heute weitgehend zerstörte Gästehaus, dessen Fassadenseiten unterschiedliche, historisierende Architekturformen zeigten. Im Schnittpunkt verschiedenartiger Achsen ist der Vertiefte Sitz im Nordostteil des Parkes angelegt worden. Von einer Untersicht aus, die alles noch ausdrucksstärker, erhabener erscheinen ließ, wurde, vom Weißen Bogen gerahmt, die Statue des Fürsten Franz im Philosophengärtchen erkennbar und am Ende der Georgenallee der Elbpavillon — ein Motiv, das dem im Luisium ähnelt und sich hier, wie in Kew Gardens, mit einer Brückenfunktion des Tores verband.

Dieser Weiße und der ehemals von einem Pavillon

überbaute Rote Bogen setzen besondere architektonische Akzente am Übergang vom Georgengarten zum Beckerbruch, der bald in die Gartengestaltung einbezogen worden war. Der geschwungene Weg führt an einem vasenverzierten Haus und an der »Steinrunde altdeutscher Heldengräber« vorbei, durch in ihrer Bodenbewegung wirkungsvoll modellierte Rasenflächen, fällt zu einem Gewässerufer hin ab und mündet schließlich in eine empfindsame Anlage ein. Vorbild für dieses malerische Bild mit der Ruinenbrücke und anderen, an Mittelalterliches gemahnenden Ruinen war ein Kupferstich aus Hirschfelds »Theorie der Gartenkunst«. An der Stelle eines anderen unregelmäßigen Wasserstücks erstreckt sich seit 1928 ein großes Becken, das im Zusammenhang mit dem geplanten Bau einer Stadthalle entstand.

Der eigentliche Beckerbruch, heute nach Osten durch die Bahnlinie hart begrenzt, besitzt einen anderen Charakter als der hochstilisierte Georgengarten. Es ist ein Auenwaldgebiet mit schönen Eichenbeständen, durchzogen von Wasserläufen und Wasserflächen, Dämmen, Hügeln und Wiesenlichtungen. Die zurückhaltende Gestal-

»Statue der Diana, im Georgium bei Dessau«.
Aquatinta von F. Salathé, um 1823

»Wallwitzberg zu den Anlagen vom Georgen Garten gehörig«.
Aquatinta von C. Haldenwang nach H. T. Wehle,
Chalcographische Gesellschaft Dessau, 1800

tung zielte darauf, den Naturzustand in seiner Wirkung nur noch zu steigern. Verschiedene überdachte Sitze erinnerten in ihrer Bezeichnung an gelehrte und vertraute Freunde des Prinzen Johann Georg, wirkungsvoll eingefügte Skulpturen vertieften das Erleben des Waldes, erweckten mannigfaltige Assoziationen. »Zwischen zwei sanften Höhen erhebt sich auf einem Postamente eine Urne, auf welcher — durch die umgebenden Gegenstände bestimmt — die Einbildungskraft Et ego in Arcadia zu lesen glaubt«, so beschreibt der Zeitgenosse August Rode seine Empfindungen bei der Betrachtung eines jener Monumente. Ein hügeliger Höhenzug, Reste eiszeitlicher Endmoränen, begrenzt die Anlagen an der Elbe. Den Ruinenturm der Wallwitzburg erstiegen, hatte man Gelegenheit zu abwechslungsreichen Ausblicken über den vom Schiffsverkehr belebten Strom — flußaufwärts etwa in Richtung Elbzollhaus, westlich zum Elbpavillon oder auf die mit einem Sitz und einem Hermaphrodit geschmückten Inselchen im Fließ. Mit der Einbeziehung des Streitwerders, in dem sich Garten- und Landschaftsplanung überaus beeindruckend miteinander verbinden, fanden die Anlagen hier einen weiteren Höhepunkt und ihren vorläufigen Abschluß. Wohl nur wenig später wurde die Feldmark von Ziebigk gestaltet und so ein Landschaftsraum erschlossen, der die Verbindung zum Kühnauer Park herstellt.

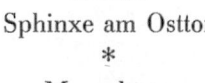

Portikus des ehemaligen Küchengebäudes
*
Schloß Georgium

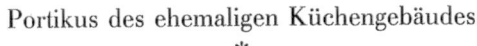

Jakob Philipp Hackert:
Villa Albani bei Rom, 1779.
Gemälde in der Staatlichen Galerie Dessau
*
Johann Friedrich August Tischbein:
Christiane Amalie, Erbprinzessin von Anhalt Dessau mit drei Kindern.
Gemälde in der Staatlichen Galerie Dessau

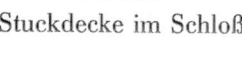

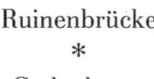

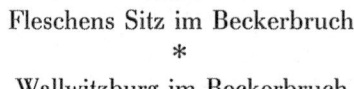

Großkühnau

Nahe dem Dorf Großkühnau, in etwa fünf Kilometer Entfernung vom Dessauer Stadtzentrum, entstand seit 1805 im Auftrage des Erbprinzen Friedrich der letzte Landschaftspark im Gartenreich Anhalt-Dessau. Die schmale, langgestreckte Anlage schmiegt sich an den Kühnauer See an und wird südlich von einer Allee begrenzt. Nach Friedrichs Tode 1814 ließ dessen Sohn und spätere Herzog Leopold Friedrich die Arbeiten fortführen, im Jahr darauf kam es zu einer größeren Anpflan-

»Kirche zu Kühnau erbaut unter der Regierung des Herzogs Leopold Friedrich im Jahr 1830«.
Lithographie von J. Pozzi nach C. I. Pozzi

zung. Diese Maßnahmen waren darauf gerichtet, die ästhetische Wirkung der Landschaft zu steigern, und nur eine Stelle, die Partie am Weinbergschlößchen mit dem Straßenzugang, ist intensiver durchgestaltet worden.

Nicht nur auf der Straße kann man zum Kühnauer Park gelangen, sondern auch durch die ehemalige Ziebigker Feldmark, über den während der Regierungszeit des Fürsten Franz errichteten Elbwall. Dort stand das Wachhaus Hugos Sitz, etwas weiter südlich setzte der noch vorhandene Obelisk einen weiteren Akzent in der offenen Landschaft. Er wies auf eine bei Hochwasser besonders gefährdete Wallöffnung hin und stellte gleichzeitig optische Verbindungen her — zur alten, im Sinne der be-

ginnenden Romantik ins Garten- und Landschaftskunstwerk einbezogenen Burg Kühnau, über den See zum Schloß sowie zur später errichteten Kirche des Dorfes und zum Georgium zurück. Südöstlich sah man von den Wallbauten aus zum noch jungen Baumbestand der Großen Kienfichten, eines dunklen Wirtschaftswaldes, in dem sich durch die Einfügung eines von Silberpappeln umstandenen Reitbahnrondells und des Amaliensitzes auch hier wieder das »Schöne mit dem Nützlichen« verband. Der Amaliensitz stellte das Bindeglied zwischen den Römischen Ruinen des Georgengartens und der Weinberganlage am Rand des Kühnauer Parkes dar. 1825 ist aus der Nähe des Dorfes Ziebigk eine dorische Säule als Blickpunkt hierher versetzt worden.

Der Weinberg und das Gartenhaus sind in den Jahren 1818 bis 1820 entstanden. Terrassen steigen von der Straße aus zum Fuße des Gebäudes hin an. Seitlich liegt der Parkzugang, von zwei schönen, um 1750 geschaffenen Skulpturengruppen flankiert, die wohl aus dem Garten der Gräfin Mosczinska in Dresden stammen. Auf einem aufgeschütteten, von Kiefern begleiteten Weg gelangt man nach oben. Die kraftvollen, etwas herben Formen des gequaderten Putzbaus, seiner Säulenfront und des rechteckigen Turmes lassen darauf schließen, daß der anhaltische Baumeister Carlo Ignazio Pozzi ihn errichtet hat. Sie unterscheiden sich darin von der anmutigen Leichtigkeit vergleichbarer Schöpfungen Erdmannsdorffs und weisen auf eine spätere Phase in der Entwicklung der klassizistischen Baukunst hin. Von der Höhe des Hügels aus erfaßt der Blick eine nahe gelegene Bruchsteinmauer, an der kälteempfindliche Gewächse gezogen wurden, streift geradezu über das steil abfallende Gelände und gleitet östlich, in der Diagonale, durch eine breite, sich etwas sanfter zum Seeufer hin neigende Wiesenachse. Nach Großkühnau zu verengt sich der Parkraum immer mehr, läuft allmählich in die Landschaft aus. Ein Weg gibt reizvolle Sichten über die Wasserfläche des Sees frei. Der Dammweg existierte ursprünglich noch nicht, dafür zehn Inselchen; auf einer war die »Fischerhütte« errichtet worden. Schließlich werden die Landschaftseindrücke durch die Häuser des Dorfes und das außerhalb des Parkes liegende Ensemble von Schloß und Kirche Großkühnau beschlossen.

1754 wurde das Schloß erstmals in den Rentkammerrechnungen erwähnt; ein Bruder des Fürsten Franz, Prinz Albert, hat es bewohnt. Der schlichte zweigeschossige Putzbau über rechteckigem Grundriß und ein Wirtschaftsgebäude dienen heute als gewerkschaftliche Schulungsstätte. Die Art des Fassadenaufbaus mit einem Mittelrisalit, die zweiarmige Freitreppe davor und das gewalmte Dach weisen auf barocke Bautraditionen hin. Ein recht geräumiges Treppenhaus ist durch Einbauten nicht mehr erlebbar, und nur ein Saal im Inneren verdient besondere Beachtung: Die klare Wand- und Deckengliederung und die nun schon teilweise verlorene leichte Rankenmalerei mögen auf frühe Arbeiten oder Einflüsse Erdmannsdorffs hinweisen. Von größerer architekturgeschichtlicher Bedeutung dagegen ist die nahe an das Schloß herangerückte, in ihrer Eigenart noch wenig beachtete Kirche. — Immerhin war hier zwischen 1828 und 1830 eines der frühesten Bauwerke des historisierenden neuromanischen Stils in Deutschland entstanden. Die Strebepfeiler an den Außenwänden allerdings weisen auf eine Vermischung mit Gotischem hin. Der Überlieferung nach soll die Kirche nach einem Entwurf des Herzogs Leopold Friedrich entstanden sein, der sich in diesem Falle jedoch wohl der fachmännischen Beratung Pozzis versichert haben dürfte. Für die romanisierenden Holzeinbauten im Inneren ist die Mitwirkung des Hofbildhauers Friedemann Hunold belegt, eines Schadow-Schülers, dessen Arbeiten künstlerische Qualität aufweisen.

Hier nun, mit der bildhaften Architekturkulisse von Schloß und Kirche Großkühnau fand die Gestaltung des Gartenreiches Anhalt-Dessau ihren endgültigen Abschluß. Deren Höhepunkte waren zu dieser Zeit bereits überschritten, ihre Schöpfer gestorben, die geistigen Intentionen, der von humanistischen Aufklärungsideen getragene, auf das Allgemeinwohl gerichtete fürstliche Reformwille schon länger erloschen. Das Bürgertum schickte sich an, seine Interessen selbst wahrzunehmen. Die großartigen Leistungen der Architektur, der Gartenkunst und Landschaftsgestaltung in Anhalt-Dessau lebten jedoch über ihre zeitgenössische Ausstrahlung hinaus in den Werken Schinkels, Pücklers und Lennés fort und wirken in ihrer jugendlichen Kraft und Anmut als Zeugnisse eines Epochenumbruchs in unsere Zeit hinein.

Literaturverzeichnis

Die Auswahl mußte sich zumeist auf Veröffentlichungen beschränken, die unmittelbar der Geschichte, Kultur und Kunst Anhalts bzw. Anhalt-Dessaus gewidmet sind. Vereinzelt wurden auch andere, wesentliche Aussagen zur Thematik enthaltende Werke aufgenommen. Bei mehrfach aufgelegten Publikationen ist in der Regel die neueste Ausgabe genannt. Abkürzungen: DK = Dessauer Kalender, Herausgeber: Rat der Stadt Dessau, Stadtarchiv, Gesellschaft für Heimatgeschichte im Kulturbund der DDR — SSG = Staatliche Schlösser und Gärten Wörlitz · Oranienbaum · Luisium — Z. W. u. M. = Zwischen Wörlitz und Mosigkau, Schriftenreihe zur Geschichte der Stadt Dessau und Umgebung, herausgegeben vom Rat der Stadt Dessau, Abteilung Kultur.

Einleitung/Das Gartenreich

Autorenkollektiv unter Leitung von J. Ebert: Olympia. Von den Anfängen bis Coubertin, Leipzig 1980, S. 138 ff.

Barock und Klassik. Kunstzentren des 18. Jahrhunderts in der Deutschen Demokratischen Republik. Katalog des Nö. Landesmuseums, Neue Folge Nr. 146, Wien 1984

Bösching, F.: Der Genius veredelter Naturszenen in Anhalt-Dessau ..., herausgegeben von J. G. Böttger aus Dresden, Kupferstecher zu Leipzig ..., Leipzig 1801

Buttlar, A. von: Der Landschaftsgarten (Heyne Stilkunde), München 1980

Däumel, G.: Über die Landesverschönerung, Geisenheim/Rheingau 1961

Denkmale in Sachsen-Anhalt. Erarbeitet im Institut für Denkmalpflege, Arbeitsstelle Halle, Weimar 1983

Denkmalpflege an Bauten und Gärten des Dessau-Wörlitzer Reformenwerkes. Begleitheft zur Ausstellung in Wörlitz, Gotisches Haus, herausgegeben vom Institut für Denkmalpflege, Arbeitsstelle Halle, Halle 1986

Der Dessau-Wörlitzer Kulturkreis, herausgegeben vom Rat der Stadt Wörlitz 1965

Dolgner, D.: Friedrich Wilhelm von Erdmannsdorff — Leben, Werk, Wirkung, in: Architektur der DDR 35, 1986, S. 402 ff.

Friedrich Wilhelm von Erdmannsdorff 1736—1800. Zum 250. Geburtstag, Ausstellungskatalog der Staatlichen Schlösser und Gärten, Wörlitz 1986

Friedrich Wilhelm von Erdmannsdorff 1736—1800. Sammlung der Zeichnungen, Ausstellungskatalog der Staatlichen Galerie Dessau, Schloß Georgium, Dessau 1986

Friedrich Wilhelm von Erdmannsdorff und seine Zeit in literarischen Zeugnissen. Ausstellungskatalog der Stadtbibliothek Dessau, Dessau 1986

Franzos, K. E.: Aus Anhalt und Thüringen, herausgegeben von H. Weißhuhn, Berlin 1984

Grote, L.: Das Land Anhalt, Berlin 1929

Günther, H.: Das Schaffen der Gärtner Eyserbeck, Neumark und Schoch im anhaltischen Raum, in: Der Deutsche Gartenbau 2, 1955, S. 218 ff. und 3, 1956, S. 106 f.

Haetge, E., und M.-L. Harksen: Die Stadt Köthen und der Landkreis außer Wörlitz (Die Kunstdenkmale des Landes Anhalt, 2. Band, 1. Teil), Burg b. M. 1943

Harksen, M.-L.: Die Stadt Dessau (Die Kunstdenkmale des Landes Anhalt, 1. Band), Burg b. M. 1937

Harksen, M.-L.: Carlo Ignazio Pozzi — Theatermaler und Architekt, in: Z. W. u. M. 5, 1971, S. 34 ff.

Harksen, S.: Bibliographie zur Kunstgeschichte von Sachsen-Anhalt, Berlin 1966

Hederer, O.: Klassizismus (Heyne Stilkunde), München 1976

Heide, R.: 200 Jahre Jagdschloß und Oberförsterei Haideburg, in: DK 27, 1983, S. 66 ff.

Heine, A. F., und L. Grote: Die Chalcographische Gesellschaft in Dessau 1795—1803, Dessau 1930

Hennebo, D., und A. Hoffmann: Geschichte der deutschen Gartenkunst, 3 Bände, Hamburg 1962—1965

Hirsch, E.: Progressive Leistungen und reaktionäre Tendenzen des Dessau-Wörlitzer Kulturkreises in der Rezeption der aufgeklärten Zeitgenossen, Dissertation Halle 1969

Hirsch, E.: »Zierde und Inbegriff des XVIII. Jahrhundert«. Der Dessau-Wörlitzer Kulturkreis im Spiegel der zeitgenössischen Urteile, in: Wissenschaftliche Beiträge der Martin-Luther-Universität Halle-Wittenberg 1970/3 (A3)

Hirsch, E.: Das Schöne mit dem Nützlichen. Die »weltweite Bedeutung« der Dessau-Wörlitzer Kulturlandschaft in ihrer Rolle in unserer sozialistischen Gesellschaftsordnung, Z. W. u. M. 11, 1974

Hirsch, E.: Olympische Traditionen des Bezirkes Halle, in: Wissenschaftliche Zeitschrift Universität Halle XXIX '80, H. 4, S. 61 ff.

Hirsch, E.: Dessau-Wörlitz. Aufklärung und Frühklassik, Leipzig 1985, München 1985

Hirsch, E.: Das Dessau-Wörlitzer Reformwerk und das Wirken von Friedrich Wilhelm von Erdmannsdorff, in: Architektur der DDR 35, 1986, S. 394 ff.

Hirschfeld, C. C. L.: Theorie der Gartenkunst, Leipzig 1779–1785

Kadatz, H.-J.: Friedrich Wilhelm von Erdmannsdorff. Wegbereiter des deutschen Frühklassizismus in Anhalt-Dessau, Berlin 1986

Kempen, W. van: Dessau und Wörlitz (Stätten der Kultur 35), Leipzig 1925

Kempen, W. van: Die Baukunst des Klassizismus in Anhalt nach 1800, in: Marburger Jahrbuch für Kunstwissenschaft 4, 1926

Korneli, P.: Die Anfänge der Neugotik in Anhalt, Sachsen und Thüringen, Dissertation Dresden 1962

Krüger, R.: Das Zeitalter der Empfindsamkeit. Kunst und Kultur des späten 18. Jahrhunderts in Deutschland, Leipzig 1973

Ligne, C.-J. de: Coup-dœl sur Belœl et sur une grande partie des Jardins de l'Europe, Leopoldberg bei Wien und Dresden 1795

Machlitt, U.: Der historische Friedhof von 1787, in: DK 20, 1976, S. 60 f.

May, W.: Stadtkirchen in Sachsen/Anhalt, Berlin 1979

Milde, K.: Die Rezeption antiker Formen in der bürgerlichen Architektur …, Dissertation Dresden 1967

Milde, K.: Architektur und Aufklärung in Deutschland — realistische Tendenzen und revolutionäre Drapierung, in: Wissenschaftliche Zeitschrift Technische Universität Dresden 18, 1969, H. 1

Milde, K.: Neorenaissance in der deutschen Architektur des 19. Jahrhunderts. Grundlagen, Wesen, Gültigkeit, Dresden 1981

Mrusek, H.-J., und andere: Von der ottonischen Stiftskirche zum Bauhaus. Kunst- und Kulturdenkmäler im Bezirk Halle, Halle 1967

Paul, W.: Architektur und baugebundene Kunst, Z. W. u. M. 17, 1976

Reichhoff, L.: Historische Entwicklung und aktuelle Nutzung der Dessau-Wörlitzer Kulturlandschaft, in: DK 28, 1984, S. 22 ff.

Reil, F.: Leopold Friedrich Franz, Herzog und Fürst von Anhalt-Deßau, ältestregierender Fürst in Anhalt, nach seinem Wesen und Wirken, Dessau 1845

Rode, A.: Wegweiser durch die Sehenswürdigkeiten in und um Dessau, Dessau 1795 und 1796

Rode, A.: Leben des Herrn Friedrich Wilhelm von Erdmannsdorff, Dessau 1801

Schelenz, R.: Denkmalpflege an Gärten und Bauten des Dessau-Wörlitzer Kulturkreises, in: Architektur der DDR 35, 1986, S. 425 ff.

Speler, R.-T.: Friedrich Wilhelm von Erdmannsdorff, Begründer der klassizistischen Baukunst in Deutschland, Dissertation Halle 1982

Speler, R.-T.: Friedrich Wilhelm von Erdmannsdorff. Bahnbrecher der klassizistischen Baukunst auf dem europäischen Kontinent, Z. W. u. M. 29, 1986

Speler, R.-T.: Erdmannsdorffs Reisen und deren Einfluß auf das architektonische Schaffen, in: Architektur der DDR 35, 1986, S. 416 ff.

Speler, R.-T.: Kunst- und architekturtheoretische Ansichten Friedrich Wilhelm von Erdmannsdorffs, in: Architektur der DDR 35, 1986, S. 430 ff.

Wäschke, H.: Anhaltische Geschichte, Köthen 1912/13

Werner, P.: Pompeji und die Wanddekoration der Goethezeit, München 1970

Schloß Dessau

Grote, L.: Beiträge zur Frage: Knobelsdorff und das Friderizianische Rokoko, in: Zeitschrift für Kunstgeschichte 4, 1935, H. 1/2, S. 51 ff.

Harksen, S.: Untersuchungen zur Baugeschichte von Schloß und Schloßkirche in Dessau, Diplomarbeit Halle 1954

Harksen, S.: Ludwig Binder, ein mitteldeutscher Renaissancebaumeister, in: Wissenschaftliche Zeitschrift der Martin-Luther-Universität Halle-Wittenberg, Ges.-Sprachwiss. Reihe 7, 1957/58, S. 702 ff.

Krause, H.-J.: Das erste Auftreten italienischer Renaissance-Motive in der Architektur Mitteldeutschlands, in: Acta Historiae Artium Academiae Scentiarum Hungaricae, Tom. XIII, Fasc. 1–3, Budapest 1967, S. 99 ff.

Wäschke, H.: Zur Baugeschichte des Dessauer Schlosses, in: Zerbster Jahrbuch 3, 1907, S. 48 ff.

Oranienbaum

Alex, R.: Oranienbaum (Baudenkmale 57), Leipzig 1984

300 Jahre Oranienbaum. Streifzüge durch die Geschichte und Gegenwart der Stadt, herausgegeben vom Rat der Stadt Oranienbaum, Oranienbaum 1973

Graf, F.: Geschichte der Stadt Oranienbaum, Oranienbaum 1899

Günther, H.: Der Park Oranienbaum, seine Geschichte und die Probleme seiner Wiederherstellung, Diplomarbeit Berlin 1955

Hirsch, E.: Kulturgeschichtliche Beziehungen Mitteldeutschlands zur »Niederländischen Bewegung« des 17. Jahrhunderts und ihr Weiterwirken auf den Dessau-Wörlitzer Kulturkreis, in: Die Entwicklung des medizinhistorischen Unterrichts, Wissenschaftliche Beiträge der Martin-Luther-Universität Halle-Wittenberg 1982/6 (E 43)

Kempen, W. van: Das Reise- und Skizzenbuch des Architekten Christoph Pitzler, in: Mitteilungen des Vereins für Anhaltische Geschichte und Altertumskunde 14, H. 1, Dessau 1922–24

Kempen, W. van: Der Baumeister Cornelis Ryckwaert, in: Marburger Jahrbuch für Kunstwissenschaft I, 1924

Mosigkau

Dauer, H.: Aspekte zur Baugeschichte des Schlosses Mosigkau. Aus den Stiftsakten des Adligen Fräulein Stift zu Mosigkau, H. 1, herausgegeben vom Staatlichen Museum Schloß Mosigkau, Dessau 1983

Dauer, H.: Schloß und Park Mosigkau (Baudenkmale 64), Leipzig 1987

Dauer, H., H. Günther, J. Harksen, O. Raue und L. Schneider: Schloß und Park Mosigkau, Z. W. u. M. 4., 1971

Günther, H.: Der Mosigkauer Schloßgarten. Ein Beitrag zur anhaltischen Gartenkunst des Rokoko, Z. W. u. M. 19, 1976

Harksen, J.: Schloß Mosigkau. Alter Gemäldebestand, herausgegeben vom Staatlichen Museum Schloß Mosigkau, Dessau-Mosigkau 1976

Pflug, W.: Schloß Mosigkau, ein Meisterwerk deutscher Rokokokunst, dargestellt in dieser Baugeschichte, Dessau-Mosigkau 1960

Schloß und Park Mosigkau, herausgegeben von den Kunstsammlungen der Stadt Dessau, Staatliches Museum Schloß Mosigkau, Dessau (1963)

Speler, R.-T., J. Harksen und H. Günther: Schloß und Park Mosigkau II, Z. W. u. M. 15, 1975

Wörlitz

Alex, R.: Schloß Wörlitz, herausgegeben von den SSG, Wörlitz 1985

Alex. R.: Das Gotische Haus im Landschaftspark Wörlitz, herausgegeben von den SSG, Wörlitz 1985

Alex, R.: Glasgemälde Gotisches Haus Wörlitz, Reichenbach 1985

Boettiger, C. A.: Reise nach Wörlitz 1797. Aus der Handschrift ediert und erläutert von E. Hirsch, herausgegeben von den SSG, Wörlitz 1985

Clemen, P.: Strawberry Hill und Wörlitz, in: Neue Beiträge deutscher Forschung zum 60. Geburtstag Wilhelm Worringers, Königsberg 1943

Feist, P. H.: Klassizismus und Neugotik in Wörlitz, in: Feist, P. H.: Künstler, Kunstwerk und Gesellschaft (Fundus-Bücher 51/52), Dresden 1978

Fiedler, H., S. Scheibe und E. Germer: Georg Forster. Naturforscher, Weltreisender, Humanist und Revolutionär, herausgegeben von den SSG, Wörlitz 1980

Fiedler, H., S. Scheibe und H. Ross: Georg Forster: Naturforscher, Weltreisender, Humanist und Revolutionär — sein Verhältnis zum Wörlitz-Dessauer Reformwerk, herausgegeben von den SSG, Wörlitz 1983

Grohmann, J. C. A.: Beschreibung des Engländischen Gartens zu Wörlitz bei Dessau, in: Taschenbuch für Gartenfreunde, Leipzig 1795, S. 95 ff.

Harksen, M.-L.: Stadt, Schloß und Park Wörlitz (Die Kunstdenkmale des Landes Anhalt, 2. Band, 2. Teil), Burg b. M. 1939

Harksen, M.-L.: Erdmannsdorff und seine Bauten in Wörlitz, herausgegeben von den SSG, Wörlitz 1975

Hartmann, A.: Der Wörlitzer Park und seine Kunstschätze, Berlin 1913

Hirsch, E.: Bildung und Erziehung zu bürgerlicher Kultur. Eine Deutung der Dessau-Wörlitzer Gärten als Kulturpropaganda der Aufklärung und des Klassizismus, in: Wissenschaftliche Zeitschrift Universität Halle XXVII '78 G, H. 6, S. 51 ff.

Lein, K.: Bäume und Sträucher im Wörlitzer Park, herausgegeben von den SSG, Wörlitz 1983

Lein, K.: Führer durch den Landschaftspark Wörlitz. Geschichte und Beschreibung, herausgegeben von den SSG, Wörlitz 1983

Paul, E.: Wörlitzer Antiken, herausgegeben von den SSG, Wörlitz 1978

Rode, A.: Beschreibung des Fürstlichen Anhalt-Dessauischen Landhauses und Englischen Gartens zu Wörlitz, Dessau 1788, 1798, 1814. — Neu bearbeitet und herausgegeben von L. Grote, Dessau 1928 — Neuausgabe: Rode, A.: Der Englische Garten zu Wörlitz, herausgegeben von den SSG (H. Ross und L. Trauzettel), Berlin 1987

Rode, A. von: Das Gothische Haus zu Wörlitz, nebst anderen Ergänzungen der Beschreibung des Herzoglichen Landhauses und Gartens zu Wörlitz, Dessau 1818

Rahn, R.: Die Glasgemälde im Gotischen Haus zu Wörlitz, Sonderabdruck aus der Festschrift für das Anton-Springer-Jubiläum, Leipzig 1885

Luisium

Grohmann, J. C. A.: Ansicht vom Luisium bei Dessau, in: Taschenbuch für Gartenfreunde, Leipzig 1796, S. 48 ff.

Harksen, J: Schloß und Park Luisium und das Museum der Gartenkunst. Schriftreihe Staatliche Galerie Dessau, Dessau 1956

Harksen, J., H. Günther, u. a.: Luisium, Z. W. u. M. 2, 1970

Krusser, F. W. v.: Beschreibung des Fürstlichen Gartens bei Dessau, Luisium genannt, in: Taschenbuch für Gartenfreunde, Leipzig 1796, S. 36 ff.

Weinitz, F.: Das Schloß Luisium bei Dessau, Berlin 1913

Sieglitzer Berg

Grohmann, J. C.: Über deutsche Gärten nebst einer Beschreibung des Sieglitzer Berges bei Dessau, in: Taschenbuch für Gartenfreunde, Leipzig 1799, S. 1 ff.

Günther, H.: Der Sieglitzer Berg, in: DK 26, 1982, S. 49 ff.

Georgium und Beckerbruch

Ehlert, I.: Von der Anhaltischen Gemäldegalerie bis zur Staatlichen Galerie Dessau im Schloß Georgium, Teil I, in: DK 27, 1983, S. 84 ff., Teil II in: DK 28, 1984, S. 82 ff.

Günther, H.: Park Georgium, Z. W. u. M. 24, 1983

Harksen, J.: Park und Galerie Georgium, Z. W. u. M. 7, 1972

Harksen, J.: Deutsche Malerei von der zweiten Hälfte des 16. Jahrhunderts bis 1700 im Schloß Georgium, herausgegeben von der Staatlichen Galerie Schloß Georgium, Dessau (1970)

Harksen, J.: Die flämische Landschaftsmalerei des 16. und 17. Jahrhunderts im Schloß Georgium, herausgegeben von der Staatlichen Galerie Schloß Georgium, o. J.

Harksen, J.: Staatliche Galerie Dessau, Schloß Georgium — Alte und Neue Meister, Dessau 1981

Paul, W.: Parkbauten im Georgium, in: DK 30, 1986, S. 9 ff.

Voigt, O., F. Brückner und andere: Beckerbruch und Kornhaus, Z. W. u. M. 6, 1972

Großkühnau

Voltreich, P.: Der Landschaftspark Großkühnau — Entstehung, Rekonstruktion und Pflege, in: DK 30, 1986, S. 66 ff.

Personenregister

Alex, Reinhard:
Schlösser und Gärten um Wörlitz
Text: Reinhard Alex. Fotos: Peter Kühn
— 2. Aufl. — Leipzig: E. A. Seemann, 1990 —
248 S.: 196 Ill.; 24 × 27 cm

ISBN 3-363-00366-8

© by VEB E. A. Seemann Verlag Leipzig 1988
2. Auflage 1990
Lizenz-Nr. 460-350/22/90 · LSV 8124
Gestaltung: Hans-Jörg Sittauer, Leipzig
Printed in the German Democratic Republic
Gesamtherstellung: INTERDRUCK
Graphischer Großbetrieb Leipzig,
Betrieb der ausgezeichneten Qualitätsarbeit, III/18/97
Bestell-Nr. 505 928 4
03800